我为什么研究民间美术
王树村自述

王树村
著

姜彦文 方博
整理

图书在版编目(CIP)数据

我为何研究民间美术：王树村自述 / 王树村著；
姜彦文，方博整理. -- 天津：天津人民出版社，2024.2
ISBN 978-7-201-19979-5

Ⅰ.①我… Ⅱ.①王… ②姜… ③方… Ⅲ.①王树村
—自传 Ⅳ.①K825.72

中国国家版本馆CIP数据核字(2023)第242796号

我为何研究民间美术：王树村自述
WO WEIHE YANJIU MIINJIAN MEISHU：WANG SHUCUN ZISHU

出　　版	天津人民出版社
出 版 人	刘锦泉
地　　址	天津市和平区西康路35号康岳大厦
邮政编码	300051
邮购电话	（022）23332469
电子信箱	reader@tjrmcbs.com

策划编辑	赵子源
责任编辑	康悦怡
封面设计	李周衡　汤　磊

印　　刷	天津海顺印业包装有限公司
经　　销	新华书店
开　　本	880毫米×1230毫米　1/32
印　　张	8.25
插　　页	1
字　　数	130千字
版次印次	2024年2月第1版　2024年2月第1次印刷
定　　价	68.00元

版权所有　侵权必究
图书如如出现印装质量问题，请致电联系调换（022－23332469）

王树村(1923—2009)
摄于1973年4月

我为何研究民间美术 二   09.8.1

在中国美术史的论著中，过去没有"民间美术"的字样和篇章。因素很多，最主要的一点，是民间美术的作品和作者未被文人和收藏家重视，所以文献资料贫乏。倒是宫廷和文人画家的作品和传记，历代都有文人笔下写述可考著录。如南齐谢赫《画品录》、唐张彦远《历代名画记》、宋徽宗赵佶敕撰的《宣和画谱》……大都是以宫廷文人绘画为主线。此外文人著作中也有涉及民间画人的作品与名录者如宋·邓椿《画继》但人数寥寥。宋元以后，更乏民间艺人的录传记者。而是集中于绘画的。

众所周知"美术"二字是从国外引进的，它包括绘画、雕塑、建筑三大类。中国的古代传统的绘画史籍中，如刘道醇《五代名画补遗》收录唐代杨惠之及其弟子华人的彩塑评判，可知中国美术分类不同于西方的（像）。如果按照美术服务对象来说，中国美术可分作宫廷的（如历代皇家画院画像），文人的（如高人隐士、爱画自娱或以卖画于富贵雅士）。还有一类是民间艺人的（如即印官商

《我为何研究民间美术之始末》手稿

我为何研究民间美术：王树村自述	001
王树村年表	157
王树村旧藏民间美术撷珍	167
王树村著作目录	225
整理后记	254

我为何研究民间美术:
王树村自述

我为何研究民间美术

在中国美术史的论著中,过去没有"民间美术"的字样和篇章。因素很多,最主要的一点是民间美术的作品和作者未被文人和收藏家重视,所以文献资料贫乏,倒是宫廷和文人画家的作品和传记,历代都有文人笔下著录可考。如南齐谢赫《古画品录》、唐张彦远《历代名画记》、宋徽宗赵佶敕撰《宣和画谱》……大都是以宫廷文人绘画为主线。此外,文人著作中也有涉及民间艺人的作品与名录,如宋邓椿《画继》,但所录艺人寥寥无几。宋元以后,更乏民间艺人名录传记者。

众所周知,"美术"二字是从国外引进的,它包括绘画、雕塑、建筑三大类。在中国古代绘画史籍中,从宋刘道醇《五代名画补遗》收录唐杨惠之及其弟子等人的彩塑资料,可知中国美术分类不同于西方,雕塑是统归于绘画的。如果按照美术服务对象来说,中国美术可分作宫廷的(如历代皇家画院、画馆)和文人的(如高人隐士,画画自娱或卖画于官商的雅士),还有一类是民间艺人的[如印卖门神、钟馗、回头鹿马（吉祥年画）的作坊艺人，及宋代画娃娃的杜孩儿、画古建筑界画的赵楼台、善铁画的郭铁子……]。宫廷和文人画家于历代绘画著录中，作品、传记数以千百计，更有康熙皇帝敕撰的《佩文斋书画谱》，将清代以前的绘画和古籍中，关于书画家的传记、作品、故事、品评等都分类编目，收入其中，是一部编写中国古代美术史的完美史料。遗憾的是有关民间美术的资料太少了，只有宋代陕西鄜州（今富县）田家的泥孩儿、善剪字画的剪纸道士等十余人。所以近代中外学者编撰的中国美术史很少列民间美术作为其组成部分。20世纪30年代，王钧初（胡蛮）编著的《中国美术的演变》，虽然提到了民间艺人和扇画等作品，但只是以批判宫廷画和文人画的阶级斗争观点为主线。所以当代美术评论家咸称出版的中国美术史虽多，但总有面目相似感。

从中国历史角度看，晚清以来中国处于帝国主义列强瓜分之下。孙中山领导辛亥革命，推翻了清王朝的统治，建立了中华民国，但军阀割据，南北并未统一，英、法、俄、日等帝国主义国家依旧侵略不已，尤其是文物，大量被盗运出国。在中华民族到了最危险的时候，文人学者怎顾得编撰中国美术史，所以1923年出版的《中国美术》是英国人波西尔编写、戴岳翻译、蔡元培校订的,后有日本大村西崖著《中国美术史》。有鉴于此,国人耻之,爱国学者拿起笔来撰写了史料更完备的中国美术史、中国绘画史。鉴于当时国内战乱频仍,日本侵华加紧,学者无力到各地收集诸如木版年画、纸马、剪纸、彩塑等民间美术品,也未尝意识到民间美术是中国美术史中有最多庶民百姓观赏的种类。换句话说,中国美术史是待诏、文人和民间艺人所共同谱写的,因为民间美术的服务对象是广大城乡的劳动人民,过去交通不便,文献资料缺乏,收集研究起来不易,所以出版的中国美术史缺乏民间美术篇章,故难免受"千篇一面孔"之讥。民间美术受到社会重视、抢救保护并研究起步,有待于国家统一、民族富强、社会安定后才可见到曙光。

历史中的民间美术

民间美术自宋代开始兴盛，宋代以前生产力低下，人民生活困苦，茅屋草舍，柴门竹篱，居室简陋，谈不上以字画装饰土屋门窗和四壁。这些"乐夫天命"之景况，在唐诗中多有反映。随着社会发展、科学昌明，到了宋朝，进入了一个新的时代，社会经济繁荣，科学发明创造激增，在沈括的《梦溪笔谈》、孟元老的《东京梦华录》中都有反映，画家张择端的《清明上河图》更以写实的画法描绘出北宋都城东京（今开封）工商医农及旅店舟车的繁华景象。反映在文化方面，庶民百姓也有了自己的文化艺术来美化自己的生活，装饰自己的居室。例如"近岁节，市井皆印卖门神、钟馗、桃板、桃符，及财门钝驴、回头鹿马、天行帖子（纸马，道释及祛灾的图像）"，当时还有刷印纸马的作坊，反映了民间美术与城乡百姓的民俗和岁时节令活动紧密相关。

宋朝以后，元朝建都于大都（今北京），经济、文化渐移大都，并形成中心。宋朝都城开封、临安（今杭州）岁时出现的民间美术，在元朝都城大都也有了文献记载，如

《析津志辑佚·岁纪》就载有"五月天都庆端午，艾叶天师符带虎"。

从客观来看，中国美术发展到宋代已形成了宫廷、文人、民间三足鼎立之势。宋代绘画中山水、花鸟比重较高，相对来说，人物、肖像画渐趋衰退。其实不然，南齐画家谢赫所说的"图绘者，莫不明劝戒、著升沉，千载寂寥，披图可鉴"之作用并未绝唱。

这类有益于社会历史教育的人物画，多被民间艺人所传承。例如从宋元绘画"耕织图"一直发展到明清木刻彩印年画，都是以"明劝戒、著升沉"为目的，以人物为主的传统绘画形式出现于广大城乡百姓周围。遗憾的是，明清文人画重山水竹石，撰写画论画记的文人也多偏爱山水，不重视民间有教育意义和历史价值的人物画，更无视民间美术也是中国美术发展史的一部分。

明清两代，宫廷美术以特种工艺（如景泰蓝、雕漆、象牙雕刻）和西洋画等较为突出，文人画则是以山水画为正宗，出现了各家流派。至于人物画、壁画、肖像画（传真）等，则尽归民间艺人所赖以为生的高超技艺，画家庶几无人能画像传真。当此之时，社会经济显著繁荣，科学发达，人民生活有所提高，文献资料如《酌中志》《帝京景物略》《天工开物》……可以佐证，反映在民间美术方面，更是丰富多彩，如苏州捏像、无锡泥人、北京纸马、杨柳青和苏州的年画，等等。尤其是中国美术发展到封建社会末期的晚清，帝国主义列强不断侵华，宫廷画和文人画两大主流业已停滞不前，呈现出已近日暮之感。唯有另一大主流——民间美术，传承了中华民族古代"成教化，助人伦"的优良传统。民间艺人在忧国忧民的心情下，面对炮火连天、山河破碎、家国倾覆的关乎民族危亡的时刻，创作出大量反映人民反抗侵略者的佳作。这不仅鼓舞着当时人民群众的抗敌志气，还给我们留下了一大宗非物质文化遗产，教育我们永远勿忘国耻。如广东的《大败鬼子真图》、上海的《孙夫人会同刘小姐台中彰化县大胜图》《奉天省俄军受困图》，等等，类如这种题材的年画作品，在当时文人画中很难找出一二。

南北军大战天安门，民国版，河北武强，版印墨线，纵54.6厘米，横77.3厘米，王树村旧藏［参见王树村：《中国民间年画史图录》（下册），上海：上海人民美术出版社，1991年，第675页］

我出生在杨柳青

民间美术里的年画品类，题材丰富广阔，绘刻技艺高超，产量多，遍及全国，是民间艺术之冠。很幸运的我，从小就成长在北方年画艺术之乡的杨柳青。抗日战争前的杨柳青河流通畅，南有运河，北有子牙河和大清河，横贯镇之东西，淀水芦塘也多，散落在河流之南北，拂水杨柳掩遮渔村，景色、风物迷人，村民多以网鱼弄船为业，有江南水乡之美，故杨柳青旧有"北方小苏杭"之誉。

杨柳青旧属武清和静海两县管辖，明代已设驿站，运河经此直抵北京。吴承恩等名士过此都曾留下诗篇文章。清初杨柳青仍属静海县的重镇，漕运船只于此暂停，准备进京所需。镇上临河饭馆酒店、茶坊旅舍，接连一线。中街、后街是估衣杂货、年画铺、画像馆、扎彩店（油漆彩画、传统壁画工匠艺人所聚处）。每逢农历一、五之日为集市，四乡运粮至粮食市出卖，农具、日用品、土特产都分类设摊销售，其中也有字画文玩、皮影剪纸、泥塑绣品等民间美术品偶尔出现。

诸如上述杨柳青镇上之景象，据老人们讲，直到抗日战争后才日渐荒凉。抗日战争爆发，我尚在少年时代，小学时候就从课本上知道日本占据了我国台湾，唱歌课有毋忘国耻、九一八的内容。所以，当时在思想上对国家安危、日本侵略，就有了深刻印痕。1937年7月7日，日本发动全面侵华战争，北平（今北京）沦陷。不久，日本飞机狂轰滥炸天津，占领了除英、法、意、奥等国租界以外的全部市区。天津西北城角旧有天津市立美术学校，因飞机轰炸，学校关闭，因此我也辍学，避难于杨柳青家乡。那时平津陷落后，日伪成立"华北政务委员会"，王揖唐、齐燮元等汉奸维持治安和进行奴化教育，日军转向华中、华南进兵，欲吞并我中华大好河山。时局略呈安定，平津一带工商业渐渐恢复生意。

1936年,在天津市立美术学校着中国童子军装束

我的家庭是小康

我的家庭是小康，有房、有地，还有个买卖，收入之钱粮足够一家生活。我的家乡杨柳青没有中学，家长怕我去天津读书不安全，就送到一家周氏学塾，跟老师学古文、字画。同学其余人，都是家长怕日本抓学生入伍，不敢去天津求学。私塾教学不严，时间也较灵活，比起公立学校自由，但没有几年就被当局停办了。我上小学时，美术课分数总是第一第二，私塾里的古文和写字、画画使我更爱上美术。杨柳青的徐少轩画像馆、和贸怡年画庄、任文鸿剪纸花样子铺，西渡口的"娃娃李"彩塑神佛、娃娃泥人铺子等等，它们的窗外，是我常年立足、忘掉饥渴的地方。到了腊月，席市、画市为各作坊粘贴年画于墙的地方。从腊月二十三起，四乡农民人山人海地涌到这里选购新版年画、老版灶王门神及吊钱、春联等装饰门窗，点缀新年。年画画市犹如今日的露天美术展览，每年举办一次，是喜爱民间美术者的学习课堂，是民间年画艺人相互观摩、提高技艺的好机会。它推进了民间美术发展和人物画的出新，在中国清末美术发展史上，唯有民间年画艺术仍在独撑中华民族民间美术传统。

少年时候的我，就是在此历史环境下成长的，目睹、亲历的一切现实情景，在心灵深处埋下了痛恨——日本侵略者占领了我国大片土地，美好的家乡树木被砍伐殆尽，河流淤塞，运河上很少船只往来，荷塘干涸，田园荒芜，农民常被抓走当劳工，有去无回。年画作坊倒闭，画版变卖成劈柴，商店、酒楼、书场、旅舍，因遍地战火、日寇杀烧，客流断绝，昔日繁荣景象不复存在。同时，我从心灵深处又爱上了日渐消失的中华民族民间文化艺术。从这时起，在20世纪30年代"中华民族到了最危险的时候"的历史条件下，成长在北方民间美术集中地杨柳青的优美环境中，为我后来开拓民间美术发展史研究奠定了坚固的基础和信心。

拜师学年画

当我进入青年时期，正是日本侵略军疯狂掠夺我国物资财产，残酷统治人民生活的年代。由于第二次世界大战（太平洋战争）爆发，日本军队兵力南调，抵抗盟军的围剿，节节战败，在华北实施"强化治安运动"，把沦陷区老百姓的粮食抢走，供应前线和抓去的劳工，砸碎老百姓家中的铜盆炉和家具上的铜器、铁件，运到东北兵器工厂做炮弹，粮食配给豆饼（榨油剩下的渣子）、杂合面，每家都没储备粮，饿死者难计其数，流民卖儿卖女会集在平津等各大城市。本地富有人家都逃到天津市内，四方农民皆在八路军的保护下，受日伪军队防线所阻，杨柳青陷入废墟状态。家中先是卖房卖地，继而卖箱柜家具、古瓷瓶盘，唯有一捆祖上留下的旧年画，虽不值钱，我却爱它如命，留了下来。

目睹生活如此困难，为谋求一技之长，我遂拜画师阎文华学人物画。阎家世代作画为生，以画美人著名，年画行业称其为"阎美人家"。跟老艺人学画没有什么教材、教案，除了看师父作画，自己回家临摹外，最使人感兴趣的是画师教画时口中念出的画诀，如"画文人如一颗钉，画武将要像一口钟""站七、坐五、盘三半""一个巴掌半个脸"等。后两条是说，画人体比例以人头大小来计算，坐着的要有五个头高，盘腿席地而坐的约三个半高，站着高矮以七个头为准。画人物不能手小了，小手男子不好看，一只手舒开了要有半个脸大，等等。传统的民间画诀是画师们自古代传下来的画人物之经验和心得，没有文字留下，师徒相承，父子口授，秘不示人，因此我感到画诀非常有趣。

编书雪耻

日本侵华日久，沦陷区的人民灾难日益深重，几次"强化治安运动"，百姓生活已进入绝望。同时也出现了一线曙光，那就是盟军的轰炸机轰炸了河北正定的京汉铁路桥，野马战斗机深入天津郊区县的独流镇低空，扫射津浦铁路线上的火车头，破坏贯穿南北的两条重要交通运输铁路。巨型的盟军轰炸机还散下大量传单，日军不准百姓去拾，但大家都意识到，这是侵略军败退的信号弹，人人心中暗喜，但大喜的日子还在后头。时隔不久，传来日本本土被盟军轰炸，接着是广岛和长崎落下了原子弹，苏联出兵中国东北，与关东军作战……1945年8月15日，日本天皇下诏书宣布无条件投降了。最后一个法西斯轴心国垮台了，全世界渐无火药味，全球人民无不欢欣鼓舞。久被日本侵略压迫的中国人民更是分外高兴和心怀舒畅。谁也没有想到，人们高兴得太早了！

日本投降后，八路军收复杨柳青，张贴布告和华北联合大学招生广告。八路军纪律严明，露宿街头，不扰民，不进商店。原地的日本守备队和天津县伪保安队已逃往天津市内，八路军为追缴敌人放下的武器，开往天津。天津的伪保安队和日军不承认八路军代表中国政府，双方交火，八路军退回杨柳青，转向冀中。国民党在美国支持下，以运输机从大后方运来了政府接收大员和军队，收缴了日军武器和敌伪财产，集中日本军人和居留民间的日本侨民，准备遣返他们回到日本本土。同时，共产党领导的八路军向东北进军，收复了大片土地。在天津原日本租界的侨民因遣返限带物品二十公斤，只有变卖家具等体重之物。一时，原日本租界变成了旧货市场，有很好的日本民间艺术品、衣装、陶瓷等等。中国人讲道德，丝毫不强买强夺，而是以德报怨，同情无辜的日本平民。

我是常在这日货旧市场的游客，看到日本出版的关于中国文化艺术的图册，初感新鲜，都是没见过的，转而又感到自己无知和羞耻。暗想书中都是中国常见的民间艺术品，外国人收集可以编成图册，难道中国就没有人了吗？青年人好激动而自不量力，我过去收藏了些剪纸、年画、皮影、神像，不考虑时代和能力，就想编书出版，以雪此耻。这一观念，深深埋在我心中。

1942年,在天津杨柳青等地收集民间美术品时留影

学绘画是我一条出路

日本人走光了，天津市政府建立起来了，教育局在河南路成立天津市立美术馆，内设中画班和西画班，招收学员。我家祖训，不教子孙从政当兵，所以只有学绘画是我的一条出路。教室内有维纳斯、阿波罗等希腊罗马神话石膏像和画架等教具。中画班的老师是刘子久、西画班的老师是陈宗向，美术馆的业务总管是苏吉亨，曾整理了一本《中国绘画史》。理论方面，每周一堂艺术概论课。三年毕业，可以直考北平国立艺专。我在美术馆里画石膏像、学国画，珍惜时间，不遗余力，以挽早年辍学之恨，也为谋生获得实用技术。

时局令人不堪回首，中国把侵华日军赶走了，全民得见天日，可以安定下来重建破坏了的经济、文化，奈何国民党官员贪污腐化，钞票无止境地印刷，百姓无法生活，民心涣散。好在共产党的军队节节胜利，先是东北和天津解放，后是北平和平解放。

在华北大学上学

天津解放后，华北大学在津招生。因为我曾学过素描，又读过香港持恒函授学校（校长胡绳）的政治经济学课程，经过考试被录取了。华北大学分三部分，我被分在第三文艺部，地址在北平宣武门内顺城街。到校报名后，供给衣食住宿，不收学费，教职工都衣装朴素，待人和蔼，相呼以同志称，如入一个清新不争名利的世界。华北大学校长吴玉章，副校长范文澜、成仿吾，教务长光未然，在大课堂给大家讲哲学、历史、政治和文艺的课，改造入学者不同的世界观。美术教员有卫天霖、胡一川、罗工柳、左辉、辛莽等，课程是画人物速写、人体素描。成绩好的先分配了工作，年纪小的留下继续学习。我和李滨声、吴让宾等人被分配到北平文艺工作委员会，领导是李伯钊、贺绿汀，美术组是胡蛮，地点在东交民巷台基厂。工作是先下到工厂搞俱乐部，向工人阶级学习，组织工人学绘画。

1948年，与收集的门神画合影

1949年12月20日，在华北大学门口与同学牛星丽（中）、毛金刚（右）合影

古木寒舍图,1947年绘

幽境,1947年绘

写些小文章

1949年10月1日，中华人民共和国成立了。北平改称北京，文委会美术组归北京市人民政府管辖，改名北京市人民美术工作室，迁离台基厂，搬到白塔寺观音庵13号，工作是节日作画宣传，如三八妇女节、五一劳动节等，中国的传统节日如端午节、中秋节等则消失了。当时报刊只有三五种，需要美术作品及文章的也来美工室约稿。文艺为政治服务、为工农兵服务，山水画、花鸟画以及西洋的静物、风景画都非现实社会需要。也设市场画廊，像李可染、叶浅予等名家都创作单线平涂的年画出版，民间美术形式占了上风。20世纪50年代初，在北京王府井大街帅府园，中国美术家协会新建的美术展览馆先后举办了"中国民间剪纸展览""新旧年画、玩具展览会"等活动。

我画山水、风景有基础，画人物则困难，多在报刊上发表配合形势的作品，如《工人踊跃认购公债》，为八一建军节画《人民慰劳解放军》，为三八妇女节画《婆媳和睦 一家欢乐》等等，以及单线形式的剪纸小品。也写些文章，如《我对创作年画新认识》《任文鸿的新挂钱（剪纸）》等等，还谈不上研究民间美术。

至今未忘却

美工室的工作人员办公、画画和住宿都在一起,没有个人书柜、衣箱等家具,我携带的一卷杨柳青早期年画曾在美工室内展出,供大家观摩,展毕则卷起放在床头上。抗美援朝战争起,人人报名奔赴前线,我怕这卷老年画散失,就送到征集民间文艺作品的中国民间文艺研究会,请他们收藏。当说明来意后,该会秘书说:"我们征集反映阶级斗争和革命的诗歌、民谣、故事等等现代和古代作品,这类美术品没有地方放,尚未开始研究,现不收集。"从而知道民间美术还没有专家研究。报名抗美援朝而未被批准,组织上批准我去中央美术学院专修美术史论课,当时没建美术史系,教员是王逊和北京大学考古学者及理论家们,分讲中国美术史、考古学及苏联画家和作品的分析等等。在中国美术史课中,没有民间美术一说。参考书目和自习资料中,获知中国美术史也是先有美国人、后有日本人编写的,但资料不全,更缺民间美术资料。联想到过去,我曾有"中国人要编撰中国自己的图书"念头,至今未忘却。

鉴于中国美术史中民间美术是一大空白，还没有史学家填写，妄想由自己去做，但谈何容易。回顾自己的收藏，只有年画、剪纸和皮影，及画诀和老艺人的只言片语。少年时看到画像馆、娃娃李、任文鸿、年画作坊的一些感性的东西，后来在北京又收集了一些北京纸马、神像、耍货（玩具）等价廉的民间美术品，但都没有文献资料可考。从此弃掉画山水、风景的兴趣，决心专攻美术史论中的民间美术。在收集资料过程中，写了诸如《"象李"的象》《王廷章巧捏绵羊》《天津的刺绣花样子》《木版年画三诀》等等，发表在报刊上，作为研究素材，以备写史需要。

难登大雅之堂的"破烂之物"

新中国扫除了赌场、烟馆、妓院、反动会道门、黑社会势力等等,通过镇压反革命、"三反"、"五反"、资本主义工商业的社会主义改造等运动和学习各类文件,社会确实变了样。过去传统的民族节日,如清明节、端午节、中秋节、元宵节的民俗文化活动消失了,代之而起的三八妇女节、五一劳动节、五四青年节、六一儿童节等,放假或游行。

我自少年时代就受到"毋忘国耻""发愤图强"的爱国教育,又受民间美术繁盛的家乡环境影响,担忧中华民族民间文化遗产将来会遭到弃置,传统节日的民俗活动和民间美术品类也会断代、失传。我那写一本《中国民间美术史》的愿望,将成为幻想!但又想到,中华民族已有五千年的文明历史,创造了不少反映人类进步的文化遗产,不会因目前苏联、美国对立的国际形势而绝迹,信心不能动摇!

于是,我得空便到早市、旧货摊、旧书店、造纸厂搜集材料,崇文门外铁辘轳把、宣武门外教子胡同的早市,都是文玩字画、青铜陶瓷、民间艺术品集中的地方。不少珍品因口袋羞涩，失去了机会。当时就是为了写本书，去收集即将消失的民间美术资料，还不知道这就是抢救祖国文化遗产。例如，北京珠市口西湖营，旧有绣品店十余家，专做清代服饰上的绣花和地毯等生意，出口欧美各国。工商业合营并店后，此行业取消了，旧存的一些绣品无人购买，出口更不可能，几乎是当成废品处理掉。我遇到后，在一堆一堆旧衣拆下来的绣花衣饰中，挑出了约500幅清代不同花样的刺绣精品和花边。挑选时，那种恶气怪味只有自知，还怕同志们知道了说我"走回头路""不尽力于工作"，然后汇报领导。又如在废品站等地方收集的字帖、木刻和拓片，以及水陆画、传真画像等，同样都是为了完成自己的志愿，偷偷摸摸、不敢张扬地一面收集，一面晚上整理研究。今天看来，过去节衣缩食，稿费收入都买了一些难登大雅之堂的"破烂之物"，还是抢救了一部分非物质文化遗产的民间美术珍品。

1954年4月13日，与劳动人民文化宫的
同事们在颐和园

调到《美术》杂志社

1956年，我调到《美术》杂志社工作，地址在北京南锣鼓巷的雨儿胡同一座四合院，原为齐白石先生的画室，东跨院数间平房为编辑部和编辑宿舍，当时由倪贻德先生负责，编辑七人。大家都是搞美术的，对于我带到宿舍里乱七八糟的年画、水陆画、瓷人瓦罐等并不厌烦，有利于我晚间、假期进行研究。

《美术》是中国美术家协会的机关刊物，以批判旧社会美术、树立阶级斗争的美学观点为主，但领导们都是旧社会出生的美术家，对民间美术有好感，不反对我业余折腾那些破烂旧年画、纸马神像、木刻插图等旧社会的东西，见到那些破损的东西，反而支持我保护它。上海美术家协会主席赖少其同志寄来一百元，叫我装裱破画。北京的人民美术出版社社长萨空了、总编辑邵宇同志预先支付八百元稿费，要我先编一本《杨柳青木版年画》。那时的八百元比当前的八万元还多。这么多的钱，我没改善生活，依然是旧衣冠、食堂大锅饭。

有了钱啦，民间美术品少了，市面上没有私人工商业了，琉璃厂的字画店、文玩铺等等也都合营并店，只有三五家有些民间美术品，但要比地摊上的贵十倍或数十倍，而且越来越少，越少而越难得越可贵。如"西湖景"（又名"洋片"，画杭州西湖、苏州园林和西方风景、教堂、人物）是清代美术史上所谓受郎世宁（意大利画家）西画影响的透视画。还有清代嘉庆年间北京画师徐白斋等创作的四幅一盏的纱灯画，有《西游记》《水浒》《圣僧传》《说岳》等，都是连环画形式，四盏或十六盏为一组，是清代糕点铺元宵节前后挂在门前，引人围观的民间美术节日展品，抗日战争时期即已少见了。诸如这类历代庶民百姓欣赏的人物故事画，古今中国美术史论中只字不提，如若再散失了，岂止"可惜"二字而已！价格高也值得。公家不会收集的，但对我研究民间美术可说是珍贵资料了，失之不可再得。

中國美術家協會上海分會

懋村同志：

去冬七月間我有了機會到北京開會，屆時當到尊處縱談。我有一行建議，你所收藏的那些年畫，最好加以裝裱，這樣子免致史和易於保存。我們決定從會員創作經費中撥出人民幣壹佰元掌給你作為裝裱費，並且感謝你在工作中給我們很大的幫助。順問你的愛人身體健康。才此。又

請找到此款後，示一收條寄來於文会。

赖少其
四月十日

1954年4月10日，赖少其同志来信

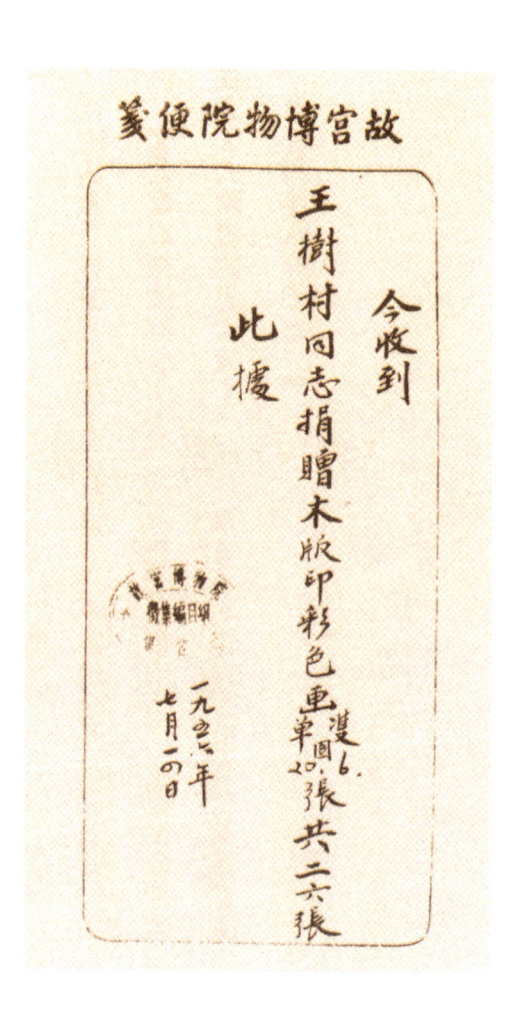

1956年7月，捐赠故宫博物院文物收据

文物收据

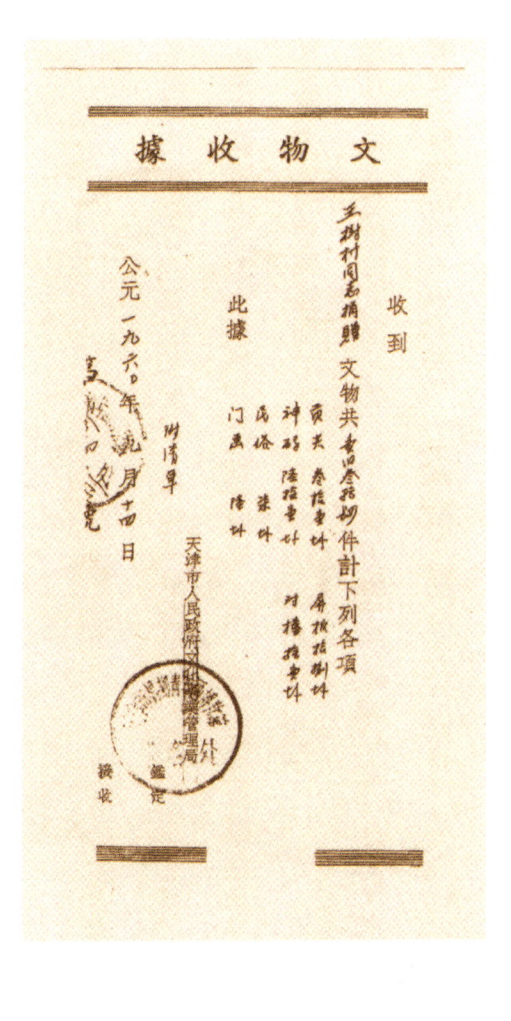

收到 乡树村同志捐赠文物共壹佰柒拾件计下列各项

顶笑春板捌件
神码陆拾叁件
民俗柒件
门画陆件

屏板拾捌件
对楣板壹件

此据

附清单

公元一九六○年玖月十四日

天津市人民政府文化局文物管理处

1960年9月，捐赠天津杨柳青年画博物馆（筹备处）文物收据

一面"白旗"

1957年,全党开展整风运动和反右派斗争。我是谨言慎行、不问政治、只顾出书、沉默无言的人,加上藏品资料中有一本明代刻印的插图本《金瓶梅》等问题,不宜在《美术》这一战斗前线工作,作为"白旗"要拔掉。但领导又考虑到我研究的项目虽然都是旧社会的文化艺术,但不是借此复辟,何况编印的《杨柳青年画资料集》在东德莱比锡国际书展获得银质奖章,还有《京剧版画》等都填补了我国印刷出版宝库中的空白,于是把我调到中国美术研究所工作,地址在王府井校尉营,中央美术学院内。

中国美术研究所,原名民族美术研究所,是老国画家们研究中国画、为教学服务的机构,改名中国美术研究所,是为了编写《中国美术史》,用于教学,调来的领导和研究人员年纪较轻,人数不多,全体只有十余人。研究人员分作古代和现代两组,我当然被编到古代组。1959年,文化部拨款评奖,每单位都分一、二、三等奖,人人有份。一日领导找我谈话,说:"一等奖只有一个,二等奖多,三等奖两个,你拿一个三等的吧。你有稿费,不在乎钱,大家也都高兴不争了。"钱对我不关紧要,但在全所里唯有我出书和写文章最多,他人都不曾有书和文章发表,反而获最低奖,令人含羞!当想到自己是一面"白旗",新领导又是外行,也就无言可说了。

参演活报剧

1960年,文化部干部轮流下放一年,改造思想,与农民同吃同住同劳动。我每次下放劳动都是排在第一名的。这轮文化部下放文艺干部,其中有音乐研究所的赵宽仁、文物局的罗哲文等,下放地点在河北省丰润县老庄子公社各个大队,户口也都迁到农村,不知还能否回到北京。

中央干部下放要有好表现,每人都饿着肚子挑水、种白薯、挖野菜,还要搞文艺宣传,排戏。文化部下放的文艺干部有导演、歌唱家、编剧、舞蹈家等,饿着肚子编演宗教害人的活报剧,教育群众不要忘记阶级斗争。剧中有一个外国传教士的反面人物角色,需要个儿高、鼻子也高,编导看中了我。文化部的文艺干部下乡演出要在四乡贴些海报,告知社员们来看。海报要写美术字加画花边,只有我是本行,派我来完成。完成写画海报的任务后,粘贴需要面糊,通过大队会计批的条子,到了公社领了半斤白面,又回队里用开水打好了一小罐面糊,找了个破炊帚准备去刷贴海报。这时大家都下地劳动了,我一个人看到面糊那么白,先喝了两口充充饥，喝完了又悔恨不已，忘了纪律守则！赶紧夹着海报出了门，贴完海报该吃晚饭了，再回到队里准备晚上的演出。大家集中又排练了一场，脸都抹了粉、化了妆。天刚黑，公社搭的台子灯火通明，观众真不少，以为是戏班演出。我的角色是反动的外国传教士，穿着进口大袍，拄着铜杖慢步走上台来。因是挨批的人物，没有多少台词，只有低头求宽大，在台上时间久了，身不由己地动一动，往台下看一看，见观众小孩子多、妇女多，老年人可说没有一个了！

戏演完了，洗了脸，回到同住的老农家里睡觉。也许太兴奋了，怎么也睡不着，翻来覆去地想白天偷吃面糊的事。心想开小组会的时候，不说此事也罢，没人知道。又想这两口面糊咽下后，已知错误了，不必焦虑睡不着。刚要睡去，又想到过去立志"中国人要自己出版中国的东西，何必他人代庖"。去年已出版了诸如《杨柳青年画资料集》《京剧版画》《太平天国木版年画》等图书，如果不是新中国，作为一个平民百姓的我，这个发奋图强的梦想怎能实现呢？

1960年秋，在丰润县老庄子公社李家村小队劳动

拜师张喜恩

北京打磨厂和廊房头条等地的画店、灯扇铺，过去都经营丰润县的民间扇面画及其他画品，是北方著名的画工集聚的地方。老庄子公社李庄子大队有一位老画工，名叫张喜恩，专画神佛像，原是"拨塑匠张家"的传人，祖上辈辈都是塑庙高手，给各地庙宇塑神佛。传到张喜恩这一代，已是清末民初了。辛亥革命后，破除迷信，寺庙多被改作学堂，塑神建庙的少了，但也有重修装銮的活儿干。装銮是把泥塑的神佛坯子，贴金上彩，勾画衣袍上的各种花样。我虽然受过革命运动的教育，但思想上总是出现"传统文化艺术失之不可来了"的念头。尤其是我专事民间美术研究，了解旧社会的神佛祖师（各行各业的创始人）资料十分难得，故到处注意它。

下放到丰润县老庄子后，渐渐知道老艺人张喜恩的家离我住的地方不远。通过彼此交谈，张师傅知道我是杨柳青人，又学过年画，自然而然地亲近起来。我表示愿拜张喜恩为老师，听听画神佛的技艺和常理。过去的民间艺人都是父子传承，不教外人的。鉴于时代形势和我的恳切心情，当时已六十多岁的老人又无子女，也就含笑谦虚地默认了。在几个月的断续谈艺中，知道老人在民国年间，随父亲到一些农村修建的五圣祠、七圣庵等田间小庙塑过神像。五圣、七圣都是民间农业保护神，农民敬神是为了保佑风调雨顺、秋天好收成，没有宗教色彩，也不天天去烧香念经。张喜恩师傅说：五圣祠、七圣庵都是手艺人所创，但也有一定规矩，不能任意胡来。如五圣祠，内塑青苗神、龙王、火神、牛王、虫神五尊，坐的位置，一排中都有定则。如果青苗神居中，左右不可塑虫神、牛王，火神与龙王也不能靠近、平肩而坐。这都是犯忌，手艺人不可不知的。过去的农民识字的很少，他们不看神前脚下写的神名牌位也认识。如塑龙王，要"穿袍系带蓝靛脸"，火神要"赤面红须三只眼，身披铠甲手舞剑"……农民不问便能辨识诸神名位。还说过塑造任何神佛像不要大头小身，"手大脚大都不怕，就怕脑袋大了神发傻"等等，好多都是外人没听过的中国塑神的绝技，也就是民间艺人口耳相传、父传子承的塑诀。

这些不见画史文字记载的美术理论，幸有张喜恩师傅口述出来，这都是编写《中国民间美术史》的第一手资料，岂可由此流失绝传了!我都一一记了下来,又偷偷写在一个小本上,恐怕被同志们发现了汇报到领导那里,故不敢离身。时间长了,人的感情近了,农村里没有吃食卖,合作社也只有生活用品,不时地给师傅买个新毛巾、搪瓷杯、袜子等,送给师傅,表示敬意。

塑神秘谱

时光流逝，不觉到了冬天，村里的社员们知道我们快要回北京了，都来看我们。张喜恩师傅找到了我，要我到他家吃饭，不去是伤了老人心意。到了家中吃了一碗白薯，张师傅拿出了一张旧报纸包着的一卷塑样，约二十五厘米高、五十厘米长，二十余张，是在毛头纸上画的近百尊道释神像。每张纸上画三五尊不等，有立有坐。立者都是庙里的站神，如二十八宿、六丁六甲（十二属相）、周仓、关平等等；坐者有三皇（神农、伏羲、黄帝）、五岳（黄飞虎、闻聘等）、关公（羽）、岳夫子（飞），还有鲁班、葛洪、张仲景、王叔和、朱丹溪等历史人物。作品是用毛笔蘸墨直接画上去的，没有色彩。

据老人讲："这是一卷塑造道观主要是玉皇庙、药王庙、三圣观等大庙里的神样，是张家祖辈传下来的，在我手里已有四十多年了，一直没动过。现在大庙都拆了，小庙没地盖了，留在手里没有用处，早晚也要扔它。给你拿了去吧！"我听罢，很愕然，心想这是"拨塑张家"的饭碗，世世代代靠它吃饭，我怎能要?！而且"下乡守则"里有一条不准多吃多占、要社员的东西，我要收下，比吃那贴海报的两口面糊问题更严重。转而又想，这一卷塑样最晚也是清代中叶的作坊秘本，距今至少也有二百年了。中国雕塑向无塑样流传下来，这样的宝物可能只有此一卷，我若不收下就会消失了，一定会悔之不及。收了下来，要向组织汇报思想。我知道自己思想是"后进"，早年为了"中国人要出版自己编的东西"，立志发奋收集旧社会的美术遗产，重点是民间美术，而民间美术除了与民俗相关的题材品类外，可说都是宣扬宿命论和道释民间神仙之类的图像。最后还是收下了。在回京的前一天，我把剩下的工资数十元给了师傅。

二十八宿塑样之一，清代，纸本墨笔，纵25厘米，横40厘米，王树村旧藏（参见王树村：《中国民间美术全集·绘画卷》，长春：吉林美术出版社，2002年，第204页）

此图四将，自左王良（梁），戴金翅文阳帽，穿蟒袍系玉带，袖手抱一笏板，榜题"昴日鸡王良"；次亢金龙吴汉，戴金踏蹬辅宰帽，挂金甲，披战袍，怀中抱一金如意；其后女土蝠景丹为一女将，头戴冠子，领系护肩，挂上甲，衣素裙，手中托一尚方宝剑。景丹背后为室火猪耿纯，头戴烂银盔，穿袍，内挂铠甲，左手叉腰间，右手提一口大刀，斜身立于景丹之后，人物相貌传神，衣纹勾描流畅。

按：景丹，字孙卿，栎阳（今陕西临潼北）人。光武拜为偏将军，曾同吴汉等击破五校。封栎阳侯。景丹少游学长安，本为一书生，画成女将，是因其为二十八宿中"女土蝠"故。

49

"二十八宿塑样之一"局部1

室火猪
𦙍純

"二十八宿塑样之一"局部2

亢金龍
吳漢

考察各地年画

文化部规定下乡改造思想的干部一年一轮换,我们这群音乐、舞蹈、美术、文学……下到老庄子公社的人员已半年多了。六十余人中已有半数患病了,不少人头大了、脚胖了,说是浮肿,休息吃点东西会好的。文化部领导听到了这类情况的报告,决定用不到一年的时间把大家调回北京。

到了北京先不解散,集中于西郊五棵松北的一所文化部文艺干部进修学院内休养、治病。每天无非是学习,没事可做,一日三餐,解放军管理食堂。干部们以粮食换饭票,到食堂打饭,我的粮票本应是28.5斤,回京后改变为23.5斤,每天只有8两(加半斤点心)。据说我们单位美术研究所为表现风格高,减少干部的粮票,支持粮票不够吃的兄弟单位了。可是没有问我"够不够吃的"!我要求自己进步,风格高,少吃两口算什么,而且每日没活干,躺在床上治疗浮肿,美其名曰"劳逸结合",不再提"鼓足干劲"了。大约不到两个月的时间,大家就都回到各单位去了。

此后,中央红头文件下达,即"文艺八条",要文艺干部务本业，继续研究传统文化。政策宽松多了，我得到领导批准，可以考察木版年画产地"推陈出新"的创作情况，去到河南朱仙镇，陕西凤翔、汉中，四川绵竹、夹江、梁平等交通不便、传统年画少人问津的地方。

正因不通火车，这些地方的年画不像沿海都市受西风影响，仍保持着传统木版年画的风格与色彩，也不曾被外国人收去。只身到上述各地费时一个多月，时间不长，收获却不少，访问了尚在的民间艺人，翻阅了各木版年画产地的地方志，跑了各地的旧书铺、破烂摊、废品站等处，买了一堆没人要的神佛道像，作坊里的清代艺人画的年画墨线底稿，发明创作竹帘画画家方炳南的百余张画稿，年画、门神、灶王等，还有一些小玩具、剪纸，都是不给开发票的货色，难以向会计报销，但又是我研究的重要实物资料，说不定还会挨批。收买这么多的旧社会"糟粕"，反映了我思想的"倒退"，还会影响我的前途！回北京后，写了一篇考察报告，把出版的新木刻年画交给了领导。在去河南朱仙镇后，还写了一篇介绍开封朱仙镇新年画的短文，寄给《河南日报》，报纸发表了。发表此文前，报社曾给美研所组织写信，问王树村有无政治问题，尔后才敢发表它。反映了"文艺八条"文件下达后，研究和创作艺术的活动限制宽松了，政治气氛逐渐淡化。谁知道为时一年之久，农村的"四清"运动开始了。此前到丰润下过乡了，这次又要到河北邢台县与农民同吃、同住、同搞运动。我暗想，这次不该有我，那些没有下乡"三同"的同志应轮下去了。后来才知道到丰润劳动的制度在我下放后就没有了，这次下乡是搞"四清"。运动和劳动都有我的份啊！哪能没有我呢？

中央美院二号楼美研所，1962年绘

从《高桐轩》到《徐白斋》

我根据过去收集的民间年画艺人高桐轩的画和他的生平事迹、传说故事等等,写成了一本《高桐轩》,在上海人民美术出版社出版了,列入"中国画家丛书"中。"中国画家丛书"已出版的诸如《顾恺之》《吴道子》《倪云林》等历代著名画家的传记和作品,内容资料大都是见于史书,没有什么新发现,丛书中还没见一本民间艺术家的传记。由此可知,过去民间艺人的技艺和生平事迹是不会被文人记录的,例如山西芮城永乐宫的壁画、太原晋祠的彩塑等等。有的只在墙上留下了工匠艺人的姓名而已,古今中外出版的《中国美术史》就是因为文字史料贫乏,所以都缺少民间艺术篇章。而杨柳青年画艺人高桐轩,因他的艺术活动是在清代晚期,他的作品多被雕版刷印成年画行销各地。高桐轩的后代传人高尚德,中华人民共和国成立初仍住在老宅经堂庙胡同。

高桐轩,名荫章,字以行,在经堂庙前开设鸿雪山房画馆,擅长传真画像,所画年画中的人物,都宛如世人,题材都是些历史故事或传统节日的民俗活动,如"文姬归汉""二顾茅庐""庆赏元宵"等等。传说高桐轩曾随清宫如意馆管劬安到紫禁城内给慈禧太后画像，故在北京也有名气。他的作品曾被北京民间艺人放大，作为商店壁画装饰门面。1949年后，东单大街一家油漆颜料店的墙上，绘有高桐轩作的《秋江晚渡图》，就是北京彩画作坊艺人放大年画的一幅完整的壁画，可知民间美术对市民百姓审美观念影响之深广。

继《高桐轩》之后，我已准备写北京灯画艺人徐白斋，资料和作品都备齐了。这些民间艺人都是劳动大众，没有官位或名士之称，在中国美术史上应有其传记，写他们的生平和作品对党和国家爱护文化遗产、发扬中华民族文明精神有益而无害。本想组织上会留下我暂不去下乡搞"四清"的(有的人留在本单位无事可做)，但全民都要搞"四清"，我怎能不下去呢?

四美钓鱼,清代,贡尖,版印笔绘,纵58.5厘米,横104厘米,天津杨柳青,王树村旧藏(参见姜彦文:《中国古版年画珍本·天津卷》,武汉:湖北美术出版社,2015年,第215页)

贾宝玉在园中闲逛,至藕香榭,闻轻语声,遂隐至山石后隔孔而望。见李纹、探春、李绮、邢岫烟四人相伴钓鱼,遂向池中掷石,惊吓众人,玩笑一场。图中刻绘四姐妹闲坐钓鱼,宝玉藏身于山石后暗暗观察的场景。画上题诗一首:"赋罢红梅腕底春,蓼花滩畔试垂纶。持竿不语临流水,心事迢迢付锦鳞。"此图作于光绪二十九年(1903),是高桐轩的代表作品。故事见《红楼梦》第八十一回。

四美釣魚

觀藝紅梅
臘盡春時
萼花衝
試寵倫
持法水
心筆包
付於酹
月清仲春
御谦西
高新氏
相法上
觀法
之石隱下

"四美钓鱼"局部

癸丑仲冬
月津西
柳村居士
高蔭草
桐軒氏
戲作于
□西賸□

三藏不忘本,清代版,灯画,纵38.5厘米,横32厘米,北京,王树村旧藏(参见王树村:《中国民间美术全集·绘画卷》,长春:吉林美术出版社,2002年,第273页)

唐僧(玄奘)西天取经路过五行山,救出了孙悟空,又收了猪八戒、沙悟净作为随行弟子。一天,天已向晚,师徒四人正欲找一安息之处,见远处一簇松阴,几栋屋宇隐现其中。师徒四人走近一看,有向南大厅三间,四人入内求善人借宿一夜。一妇人闻声走出,迎上前来邀四人厅上坐定,献上茶来。而后妇人自称家产富有,丈夫已故,室内唯有三女儿相伴度日。婉劝唐僧师徒四人留下,作为女婿,享受富贵,免去西天辛苦劳累。唐僧与孙悟空、沙悟净闻说都不敢妄为,独有猪八戒动心,欲留下享福。岂料此四位妇女乃梨山老母和文殊、普贤、观世音三菩萨幻化。猪八戒因凡心不灭被惩治,从此八戒彻底改邪归正。图写师徒入厅求宿之场面。

65

"骑虎难下"

中国美术研究所是属中央美院组织领导,美院全体师生下放到河北邢台搞"四清"运动,美研所的同志们分配到距离县城30里外交通不便的一个公社大队里。安排了住处后,先坐在一起学文件和纪律守则,再分头到各小组展开工作。晚上开会(生活检讨会),开展批评与自我批评。我的小组长是河北工学院的,他派我一大堆调查项目:社员家里有几个暖水瓶、几个孩子,村干部的工分多少、有没有自留地等等。待去到社员家里调查后,思想上又起了变化。看到社员家里都是破炕席、旧棉被,四壁糊报纸,没有新家具,更无细粮之说。邢台是一历史名城,水稻良田,自然环境很美。社员不准养鸡鸭,不准在院内屋后空地上种菜种粮,不准搞其他副业,说是"割资本主义尾巴"。

我自从1956年调到《美术》编辑部后,又到中国美术研究所工作,两单位都准工作人员画画,搞研究也是以当代为主。这一时期运动不断,农村里养鸡、喂猪、种菜都属"资本主义尾巴",要割掉,那么我干的民间美术都是"自留地"

性质的,它为国家出版事业和图书宝库填补了空白点,收入的稿费也都买了民间美术资料继续研究,实现自己的爱国夙愿。如今若把它作为"资本主义尾巴"也割掉,就不会有什么成果了。正如俗语所说的"骑虎难下",怎么办?走着瞧吧!

邢台地震了

"四清"继续深入,天公不作美,百年不遇的天灾地震在邢台地区发生了,地震中心在邢台东的隆尧县。地震的那天,天还未亮,大家都被惊醒了,不知是怎么回事,跑出门外,余震不断,大家才明白过来。发现民房有的损坏一角,有的坍倒,所幸没有队员伤亡。白天大家不敢进屋,余震使人站也站不住,河水动荡,人心惶惶不安,晚上不敢入眠。社员们纷纷搭起了用黍秸盖的草庵(窝铺),我们也效仿搭草铺,住在村头空地上。

"四清成绩展览会"

1966年初,"四清"工作队领导扈葆(王献)同志召集我和中央美院国画系的陈谋、李保文到办公室开会,领导说:"'四清'运动近尾声,要搞一个'四清成绩展览会',地点在邢台一合作社里。怎么搞,需要什么物品,大家一起研究一下。"新中国成立之初,在北京先农坛曾举行全国第一届工人体育运动大会,田径赛的场地、大会会场布置工作,由北京市人民美术工作室的蒋又良和我二人承担,根据当时的物质条件,顺利完成。为了普及全民体育锻炼,提高民族健康素质,在北京劳动人民文化宫内举办了第一届体育运动展览会,介绍体育运动,如球类比赛有多少种、游泳分多少花样、举重的等级有多少等等。图片和冠军的相片、比赛的运动器材由体育部门承包,会场布置归我安排,这是一次向全民普及体育运动知识的展览会。这次要我搞"四清成绩展",不觉得怎么难,只要有些实物和说明问题的材料,写些美术字、画点装饰画、做个沙盘等等,我都不犯难,保证按期完成。至于画干部"四不清"的故事连环画,则由别人去完成。等到交来的干部"四不清"的实物放在展厅后,竟是些旧手电筒、烟灰缸、玻璃杯、大棉被等等不值钱的东西。

把东西运到杨柳青

    我过去搞的研究工作都是最典型的"四旧"。领导对我的研究都持宽容的态度，偶尔也叫我别搞了。一天傍晚，一个司机和我儿子从天津杨柳青来看我，告诉我，杨柳青街道闹"革命"，把旧年画、老瓷瓶、佛像、香炉等老东西都毁了，家家都拿出来砸烧，太可惜了！现在一阵风过去了，平静下来。听罢，我说我这里还有些旧年画、水陆画、瓷玩具等等，请他们带到家乡去，免得在这里被毁了。当夜把十多个纸箱、木箱装的刺绣、年画、泥佛悄悄搬到车上，顺利地运到杨柳青，藏在我家中一间破屋柴草堆里。

更珍惜我的"包袱"

1970年初,美院全体教职员、研究人员集合于大会堂,宣布要下放到部队锻炼。一天晚上,大家到美院集合,步行到火车站,坐着铁皮的货车,夜里开车到达河北省一个小站,下了车,步行到一个公社大队,是属磁县的一个村子。

不是没有同志劝我放弃那些旧画旧东西,轻装上阵,共同进步,但总是想到青少年时受的教育和日本欺压我民族的时代环境,就产生了担心"破四旧"毁灭民族民间文化遗产的痛心思想,反而更珍惜我那个"包袱"(民间美术资料)。想到学古文时,韩愈所说:"业精于勤荒于嬉,行成于思毁于随",不可扔掉民间美术思想的研究,画画也要画与文化遗产有关的景物。

未免"杞人忧天"

磁县之南是漳河，漳河分隔河北、河南两省。河南的安阳是殷商都城，小屯出土了不少遗物，还有昼锦堂古迹，城西灵泉寺万佛沟石窟数以百计，隋文帝修的大住圣窟门两侧的大门神是现存最好的浮雕艺术。漳河北岸的旧邺城，是后赵石勒的都城，那里有西门豹祠，佛图澄墓，以及曹操的"铜雀台"。唐代杜牧的"折戟沉沙铁未销，自将磨洗认前朝。东风不与周郎便，铜雀春深锁二乔"一诗，就是描写这一古迹的。西有讲武城，是曹操练兵的场子。还有高大的坟冢，传说是曹操七十二疑冢。再往西是著名的响堂山石窟。

我们连队驻在漳河北岸五公里的东陈大队。部队里粮票多，下放的教职研究人员吃不了，把剩余粮票换成副食了。有些鸡、鱼、兔子、甲鱼等食物，解放军都没做过，知道我有点厨艺，就把我分到厨房做菜和采购，大家吃得还满意。调料及副食有的要到各处去买，本村没有。队里有自行车，可骑可带物，这对我可方便多了。如到各地采购时，可以考察民俗活动、土特产品、名胜古迹，画些残痕遗迹，收集些手工艺品、印花纸、印花布等，总觉得这些民族民间传统的东西，早晚会被时代潮流冲走，不会再有了。抗日战争胜利，中华民族未被日本侵略者灭亡，目前的民间美术前途知何许？未免"杞人忧天"了吧！一天，教导员命令全体整理行装，到何处去？谁也不知道。

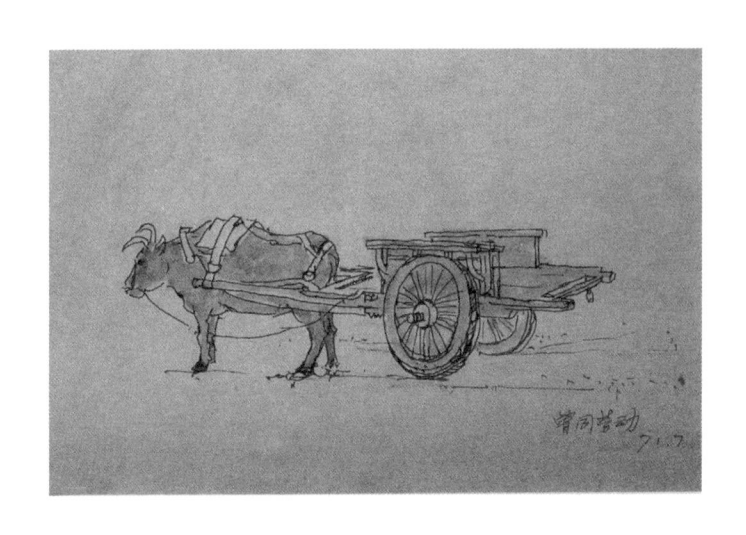

曾同劳动，1971年绘。图中的老牛破车，我曾与它一同劳动生活半载。因1960年我曾下放到唐山老庄子公社赶车送粪，所以老牛破车伴我度过了半年多的岁月

前东毗大队，1971年绘

1972年7月,下放时当炊事员。黄永玉拟词:
周周练,切细片。改了行,学做饭

在获鹿

1971年初，夜里还是那黑色铁皮货车，把美院师生一个连分装四节车内，开到河北石家庄，转移到十余公里外的获鹿县前、后东毗村，继续改造锻炼。大家开始画画了，星期天可以结伴到村北黄壁庄水库游览，还可步行到十公里外的灵寿县旅游，轻松多了。我依旧与刘焕章、司徒兆光等同志下厨房做炊事班的活儿。得空不能闲着，画水库、画村景、画小工房……练习自己的技能，以应社会需要。管教我们的教导员也是个知识分子，日久和我们熟了，喜欢大家的画，收集了不少作品。连队里好多画家，如宗其香、黄永玉、钱绍武、靳尚谊，那时画家作品卖不出去，一是都没闲钱，二是没有自己私宅，三是工作调动不安。但不知那些得到画的连排长、教导员们，还有无这些名家之作，今天每幅价值都以万计，此话按下不表。

个人有个人的思想，有的可以改造，有的是"花岗岩的脑子"，改造不了。我是属于后者，改造不过来是很危险的。怕的是我二十多年收集的藏在杨柳青柴草棚子里的那些民间年画、版画、绣品等等,还有笔记本、日记、画诀等一旦交了出来,毁了还不算,罪行全归于我!这宗文化遗产不复存在了,还研究什么呢?

考察莫高窟

美研所的人员由下放锻炼的河北获鹿前东毗村调回北京后，清理了存放在美院二号楼美研所的数十箱图书画册，这些东西是查封徐悲鸿纪念馆的资料，幸未遭破坏。移交完毕，全校搬到了恭王府里的文学艺术研究所（即今天中国艺术研究院前身）。美研所的任务是编写《中国美术史》，但不提劳动人民喜爱的、工匠艺人创作的民间美术。

我被分到古代美术史组，不能研究民间美术，便和谭树桐、刘兴珍三人到甘肃各地考察。先后到敦煌莫高窟、榆林窟、敦煌西窟、永靖炳灵寺石窟、天水麦积山石窟、庆阳石窟等佛教艺术雕刻壁画集中的石窟去实地学习，感到要比听课读书好得多了。首先应该感谢敦煌文物研究所的同志们的照顾，尤其是段文杰、樊锦诗两位领导，他们把各窟门的钥匙交给我们，可随时打开门去学习，还给我们上了几堂课，解释了壁画内容。观摩敦煌壁画真迹，认识到古代民间画家的技巧艺能与唐代画家传世作品相比较，不相上下，因为壁画作者于画面未留下姓名，难以考证，故不能与阎立本、张僧繇等名家并列于画史，传名于后世！

由莫高窟东行数十里路，有榆林窟，石窟外观景象奇绝、环境幽异，窟洞开凿于半山陡壁上，一排约两公里，窟洞相通，外如长廊，窟前溪水清澈透底。欲登石窟，先须从入口处下数米石阶至溪水前的平地上，再从陡壁下登上数十米的高坡方可到达第一窟。窟型和壁画大致如莫高窟，壁画有些后人题记，其中包括画家张大千。

榆林是我想来而不可到的地方。20世纪50年代初，我和华北军政大学毕业的孙机同志在一个单位工作，组织工人搞文艺活动，跳舞、唱歌、学美术，活动都在晚上职工下班之后。白天工作不多，感到浪费时光，都在找些自己感兴趣的事。孙机喜欢古代图案和工艺美术，常临摹《古玉图谱》、敦煌石窟藻井等消磨时间，也教我学点考古方面的东西，很有意思，我觉得有道理。在东安市场看到一本《斯坦因西域考古记》（向达译），翻了几页见到一些壁画插图和石窟外景，觉得和美术有关，就买了下来。回来细看，津津有味，知道西北荒漠地貌交通不便，但蕴藏着内地罕见的古代壁画、彩塑、经卷、文物、古籍……敦煌和榆林沿途所见虽然艰险，斯坦因却得到王圆箓道士偷卖的一大宗唐代佛像、写经、古籍等等文物。看完了这本《斯坦因西域考古记》，总想也到西北敦煌一带见识一番，是我早就想来而不可到的地方。那时兰州至新疆的铁路还没修，后来由苏联援建。兰新铁路距离城乡名胜之地较远，敦煌就距离火车站数十里地，下了火车还须坐汽车方可达到。

　　有火车方便多了，但也不能去，除非工作需要，领导批准方可。自费也不可，工资每月70元只够生活所需。这次来到了西北是因三人一组为写《中国美术史》的工作，公家报销。路遥，还有一段买不到硬卧铺票，坐了十多小时。或问何不买软卧铺，又是公家报销？殊不知改革开放前，坐软卧者只许地委、局长级以上的干部持介绍信才许登车。上车后一日三餐便饭不收费，有钱也买不到。今日到了榆林，宛如做梦。仔细地观摩壁画，欣赏洞外奇异环境，临走画了张外景，留作"卧游图"。当坐上汽车回莫高窟途中，又想起了《斯坦因西域考古记》也是一本外国人用中国材料写的书，不管怎么说，这本书是研究敦煌石窟艺术的参考书，至于斯坦因盗走中国文物的事实，这里不必多说了。想到这里，我立志中国人也要出版一本前人所未出版的书的念头，又泛了上来。决心不管"文革"何日结束，以后是否还批判民间美术就是旧社会毒草、不准研究等疑虑，我应依旧守住外国还没研究透了的中国民间美术这块艺术园地，继续开拓它。

20世纪70年代,为编写《中国美术史》,赴甘肃嘉峪关考察,左起:刘兴珍、王树村、谭树桐

敦煌莫高窟九间楼，1976年绘

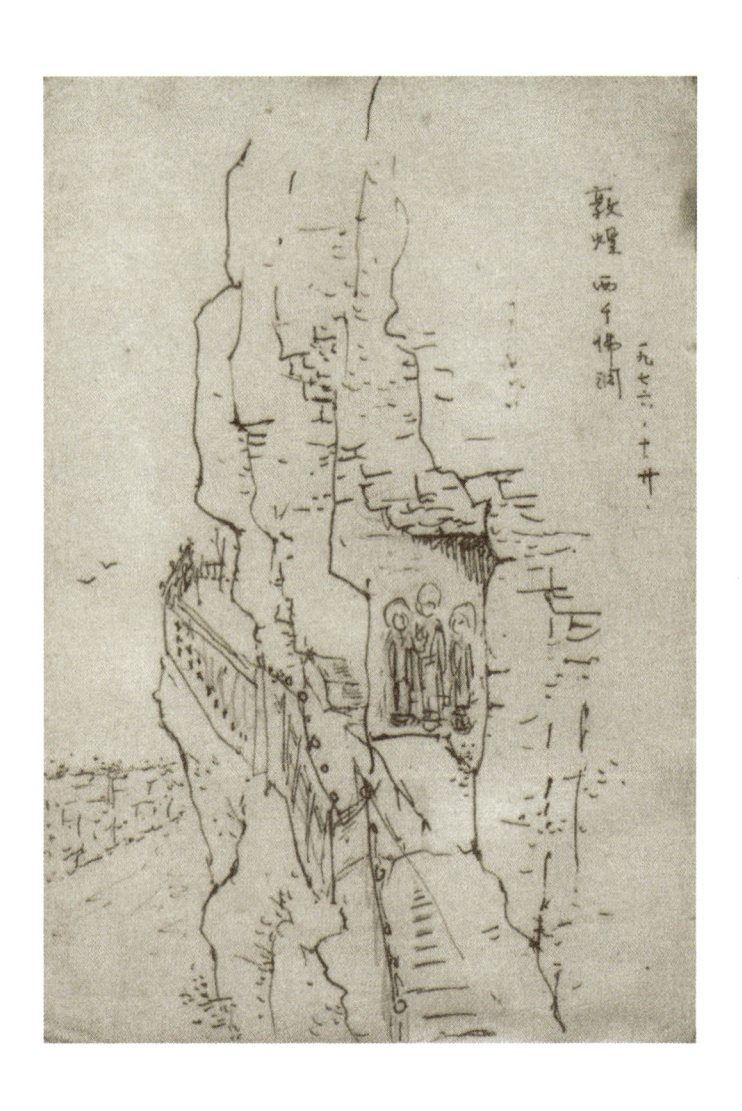

敦煌西千佛洞，1976年绘

敦煌西千佛洞，1976年绘

甘肃安西榆林窟,1975年绘

麦积山和炳灵寺

离开北京已三个多月了，收获不小，但因敦煌莫高窟水质污染，副食品缺少，患上了肝炎。甘肃的蜂蜜纯真价廉，吃了不少，肝炎不见了。传说北京的近况很多，又不愿贸然回去，遂边走边考察沿途石窟。天水麦积山的收获是牛儿堂石窟两边应各有一门神，今仅有踏牛的一尊，另一尊应是踏一小鹿，因年久地震毁掉。此说可以河南安阳万佛沟大圣住石窟门外二神做参考（后写成文章发表）。其次是参观山之前后各窟。麦积山文物保管所的领导用车带我们到麦积山东数公里的天门一游。天门是一山如劈开，中有一隙，山高千仞，下望有万丈深渊，立于其间，令人头晕目眩，不敢久视，堪称险绝！离天门南行数里，山崖上一天然石洞，高五余米，深十余米，洞外长约三十余米，呈月牙形，洞底有神龛一排，空无神佛塑像。听所长讲，明末清兵乱杀反抗者，义民不肯投降，逃此避难。天下太平后，这里建成一庙，谢神佛庇佑。出此南行，见山下良田土屋，村落河流，但无鸡犬相闻之声，我们的前面是绝壁，无路可通了。难得的再游，至此结束了。

炳灵寺在甘肃永靖县西南，黄河上游，今已在刘家峡水库西岸，即郦道元《水经注》中的积石山下。积石山如山垒成，形呈高塔，座座相连，石色赭红无杂色，巍然奇观，绝无第二。炳灵寺下枕黄河，沿悬崖石壁而凿窟，设栈道垂直向上，曲折攀登，直达顶端。扶栏俯视，下有黄河之水浮载石窟，石窟对面是炳灵寺文物保管所，屋小如积木，令人不敢远视，不敢居留。窟中有西秦时之壁画，北魏雕刻。因地处文物多被破坏，栈道也曾被烧毁，开始修复。画得几幅速写，聊记其险。来此考察有水旱两路可达。水路由兰州坐刘家峡水库汽艇直抵保管所门前，旱路则从山后崎岖小路步行方可。我们只有坐船方便而省时间。保管所在石窟对岸，一四合小院，院前后既无住户，更无商店，空地很多，但不能养鸡种菜。所以生活一切都由小汽艇从兰州运来。食宿都在保管所。保管所的同志守护这大石窟艺术，太辛苦了。我们和所里的同志同吃、同宿，夜深人静，除怪鸟掠空而过外，别无杂音，既无守门之犬，更无报晓之鸡，阴森森可怕。但无山魈和野兽光顾，可知这里环境之荒甚！几天之后，我们三人一行乘小汽艇回到兰州。

牛儿堂,1976年绘

永靖炳灵寺,1976年绘

庆阳和彬县的石窟

天气越冷风越紧,回到兰州即乘火车去西安。一面打听北京消息,一面利用这一空当多看些石窟艺术做比较。到西安后,乘汽车先往甘肃庆阳西峰镇,庆阳石窟就在西峰镇之南十公里处。车过渭河北行,遥望乾陵,经过彬县、延长石油矿渐向高原,有泾河水不深。塬上沟壑纵横,深者数十米,车蜿蜒前行,不可直行。年久水土流失,造成如此畸形地貌。今已开始造林,收效不大。西峰镇不大,地委所在地,住在招待所,有火炉取暖。门外有农民卖鸡,索价一元。买了下来,等到夜晚杀而食之,恐他人知道,汇报领导。冬天日短,上灯早,把鸡用铅笔刀放了血,在火炉旁褪了毛,用饭盒将洗干净的鸡块装得满满的,放上了开水,撂在屋内炉火口旁慢慢蒸熟,水里没加盐,鸡肉嫩而烂。趁着他们在外吃饭,我把鸡吃完,总算治愈了我的肝炎,吃了一顿饱饭。常言道:"要使人不知,除非己莫为。"偷吃了一只鸡,结果还是被刘兴珍发现了鸡毛。

骑自行车沿山间小路到达庆阳石窟,窟规模不算大,印象深的是窟门两侧的高浮雕门神，造型魁梧，近乎古代披甲将军。最初还以为是佛教早期的门神，后来与安阳灵泉万佛沟大圣住窟门两旁的门神相比，始知隋代以前石窟门旁的门神都是佛教里的神，有的如药叉，有的脚踏一牛或鹿，后来才渐汉化，并促进了中国门神艺术的发展，不得不承认民间艺术家的聪明才智、创造技能。

由庆阳乘车回西安，途经彬县。公路旁有一大石窟，乘客下车打尖（吃饭），我们利用这一个半小时进窟参观。窟呈穹隆形，众佛皆立像，高五米余，如嵌在石壁上。唐初开窟，年久风化，衣纹都已模糊，唯有洞口普贤菩萨和大象，完美无损。近年来，已请德国专家到此研究防治。

彬县大佛寺，1976年绘

耀县的药王山

重登长途公交车,原路回到西安。我们的最后一站是陕西耀县药王山,观摩隋代石雕。在西安稍事休息,翌日即乘火车到达耀县。耀县是以耀州窑瓷器著名。药王山,因唐代耀州人孙思邈受封为"药王"而得名。山不高,庙宇建筑可观,殿内原有彩塑早已毁掉,空无一物。(按:孙思邈,隋唐时人,中国古代名医,著《千金要方》,创"健身操"法,寿百余岁,唐史有其人。)修建药王庙是为纪念这位中国医药科学发明家,塑其像,敬以礼,教人不忘其德泽后世,学习他为民族健康文化进步多做贡献。至于群众烧香求药王保佑,也不可与烧香叩头朝拜佛、菩萨相提并论。拜药王(庙里还塑有古代名医扁鹊、华佗等像)给人以历史文化知识的益处。药王庙的彩塑都是古代儒家文人的衣饰装束,艺术性强,是研究中国雕塑史的真实资料。毁了再塑就失去了历史价值。毁的不止药王庙,像鲁班殿、蔡侯祠(汉代造纸的先师蔡伦)、天后宫(祭祀妈祖的庙宇)……民间尊崇的历史上发明创造之先贤的小庙祠堂,也都拆毁改作别用场地。

中国民间诸神，大都是劳动人民创造，为不忘祖师创业之劳，塑其像，教其徒不要忘记中华民族历史之先贤。这类小祠庙对旧社会工匠手艺人的影响不必多说了，就是庙中的塑像，也都是民间艺术家之创作。名刹大寺里的三世佛、五尊（方）佛，早已定型，小庙工匠、百姓敬奉的先师神灵都是古代员外样式，或蟒袍王冠，或文臣武将样式，艺术价值十分可观。尤其是"三义庙"（屠宰行祖师）、精忠庙（戏曲演员公会所）门内两侧的壁画，多为《三国演义》《说岳全传》等内容，更是民间美术中的瑰宝。它和年画一样，很受劳动大众喜爱。终因世人不重视，美术史论家还来不及收集它，庙与画俱毁，无一幸存！又如农历四月二十八药王庙会期间，各地举办民间歌舞活动，庆祝药王圣诞，还有刻印药王圣像的纸马（版画）艺术品，早已不见了，药王山上更无所得。唯有隋代石雕佛像，高丈许，完好无损地耸立在山上。隋代仅传二世，亡于唐，开窟不多，却体现北朝佛教石窟艺术渐趋汉化的过渡风格。关于这方面的研究，已有专家专著，何必班门弄斧。

耀县药王庙，1976年绘

看望石鲁夫妇

在西安先后到圣教寺瞻仰了玄奘墓和塔。到秦始皇墓前，参观了新发现的兵马俑坑开始发掘的原始形貌，下到坑去，见王朝闻同志已在坑里考察。晚上，约定由王朝闻和谭树桐等人去看望雕塑家王子云和何正璜专家，我去看望石鲁夫妇。我去找石鲁的路上，逢到了这位同志，他头发不理，胡子不刮，拄着拐杖，无法辨认出他是名画家石鲁同志。见面之后邀我到鼓楼旁一酒馆里，他拿出了口袋里装着的一酒壶，说是陕西最好的酒，边饮边问我北京形势。我50年代中到70年代中，一直工作在中国美术家协会《美术》编辑部及中央美术学院内，有的因为约稿，有的登门访问，或开会，或和画家们作画，认识的名画家很多，但我不愿高攀，从来不与名人名家合影，请名家为我出版的书题名写序，免遭附骥之讥。石鲁同志画过年画形式的国画，喜爱杨柳青年画，走得近一些也许与此有关。石鲁把我带到家里，他夫人拿出一本小画册叫我看，说是石鲁不忘画画。看罢，我感到"文革"中，石鲁在地方的批斗中受到折磨，但他意志坚强，仍不忘自己是美术干部。记得李苦禅先生在"文革"中说过:"以后不画画了,去看庙了!"庙里工作只有打扫卫生,清静无争,是个好去处,但苦禅先生还是没忘画画。他们教育了我,不要放弃民间美术研究,社会怎么变,自己意志不能随风转向。打消了我"文革"期间感到研究民间美术太难了,美术界没有几个人感兴趣,出版图书更是难事的念头。

结识了两位青年

考察三个月之久,回到北京,我总结了这次西北之行的收获,看到古代的巨幅宗教故事画都是无名的民间艺术家创作的,从大量的壁画和雕刻中,又可看到民间艺人怎样把域外传来的宗教画和雕刻演变成中国庶民百姓喜爱的色彩形式,尤其是古代民间艺人对人物和器物等的写实技艺,不容轻视。又如"飞天",一千多年前没有模特,民间艺人也都创作出来了。敦煌及各石窟的艺术研究已有专著出版,若作为民间美术观,还有深入研究的空间。

在敦煌和麦积山考察期间,我结识两位青年:一位研究壁画上的古代建筑,名叫萧默;一位研究出土彩陶图案花纹,名叫张朋川。他们对民间美术研究的兴趣颇深,有了共同语言。后来萧默调到中国艺术研究院作为建筑艺术专家,并有专著。张朋川调到苏州大学任教,出版了一部《瓷绘霓裳》,他多年来在各地把瓷瓶、瓷盘、瓷屏、瓷碗等等上面绘瓷艺人画的人物画一一拍照下来,这些人物画不同于一般历史故事、古典美人画,而是民国初年的时装美女和西方时兴的桌椅陈设，画女子着长腿裤、短旗袍，襟挂怀表，画男子穿西装，手拿文明棍，画儿童则是国民革命军军服……如当时木刻年画上的人物。文学艺术研究和创作中的时代人物衣装发型和环境等，这本书提供了真实可贵的形象资料。有鉴于此，使我感到研究、抢救民间美术，大有人在，并不孤独，不必杞人忧天，前途广阔，矢志不移地干下去！

郑振铎的意见

"文革"期间有一件大事可说一说，就是文物流失。1949年后的中国，除苏联、东欧各国外，与英美等西方国家都没有外交关系，中国海关自主，中外一切文物商店都关门停业，文物不能出口了。当时香港还是处在英国殖民统治下，广东沿海出现了走私文物到香港的问题。在运动接连不断的年代，有多少人懂得什么是文物，知道它是可贵的中华民族文化遗产?！鉴于破坏文物和走私文物猖獗，中央文化部门颁布了《文物保护管理暂行条例》，例举文物种类和不准出口的文物及其年限，分类列表，公布于众。如甲骨文、彩陶、青铜器、唐三彩等陶瓷，一律不准出口，有的限制年代。其中有一栏民间美术，年画、皮影、玩具、彩塑、画像等，辛亥革命前的一律不准出口。木版年画和玩具等民间美术品与古代金石、玉器、青铜、字画等并列于传统文物之中，且由国家保护起来，不准外流，是前所未有之措施。提起民间美术品列入中华民族文物中，这与郑振铎先生任职文物局局长有关。早在抗日战争时期，郑先生潜居上海，为了防止中国古籍、版画等文物流失到国外，大量收集善本古籍、佛经、小说、戏曲、画谱、年画……何止千种，继而整理、编著、出版了珂罗版印的《中国版画史图录》巨帙，为研究中国版画发展历史的经典之作。《中国版画史图录》虽然未收年画于其中，但在郑振铎收集的资料中，已将民间年画与古籍版画视为同等的文物了。

抗美援朝战争起，报名参军须轻装上阵，我将携带出来的一捆老年画送到东四中国民间文艺研究会收藏，他们正在征集作品，送到之后负责人看过说道："我们现在还不收集它，没有地方存放，也没人研究，最好是反映阶级斗争的民间故事、小唱、笑话。"当我卷起画来告辞时，楼适夷先生走了进来，看了一遍旧年画，说："你去文物局找郑振铎局长看看。"过了几天我拿了几张请郑局长看，他很高兴地说："这是文物，要好好保护它。"

不能打成一片

中国改革开放后，开始渐渐以搞业务为主了。20世纪70年代末80年代初，美研所恢复了编撰中国近现代美术史的工作，但人们在思想、立场、观点、方法上还是按老规律办事。为写太平天国时期的美术篇章，我曾去扬州、南京、金华及安徽等太平天国占领的地区实地考察，拍摄壁画等形象资料。由于强调立场、观点，所以在收集资料和编写过程中，只重视太平天国胜利光彩的一面，对于太平天国烧毁镇江金山寺、南京玲珑宝塔（今又重建），不得民心而失败的民间年画，只字不提，更不会作为插图付之版面了。所以非客观写出的作品，行销不久就要修改，至于中国近现代美术史的编写终于搁浅，因难以用客观历史的观点写出而搁浅！

改革开放前，强调人无职位高低，都是为人民服务的，工资也差不多。改革开放后，各单位开始评职称。先由自己填写业务自传，后由评审小组评议决定。我的业务自传是从爱国思想诱发的。少年时，喜欢绘画，环境是中国人被外国人欺侮。青年时，看到中国的史书画集是由外国人编写的，开始注意轻而易得的民间美术，诸如年画、玩具、皮影等。及至参加革命工作后，所学的绘画不能适应形势的需要，又因工作调到理论研究部门，故而在党的培养下，编著出版了四本民间美术专著（《杨柳青年画资料集》《京剧版画》《高桐轩》《太平天国板画》），均为前所未有的中外出版社不曾出版的民间美术图书。"反右"运动和"大跃进"时期，曾应中央人民广播电台、人民日报社、解放军报社等单位之邀，或做讲座，或写稿，介绍民间年画、玩具、剪纸艺术。民间美术引起了社会重视，但好景不长，"文革"开始了，我想完成的中国美术史上缺乏的民间美术部分，受到了致命打击。

光阴似箭，日月如梭，三十年过去了，一事无成！但我为编写中国民间美术史收集实物和文献资料都已尽了最大的能力。1982年，《中国民间画诀》已由上海人民美术出版社出版，正在编写《中国年画史图录》（上海人民美术出版社约稿）。过去日常工作和运动中，未尝不努力积极，业余研究民间美术，无碍工作时间，只是学习上不太努力，和群众关系方面不够融洽，不能打成一片。

1981年，赴四川绵竹、成都、重庆讲学时，与绵竹老艺人张光富（左）、姚春荣（前排居右）交流技艺

1982年，与张仃先生（前排居中）等
一同编《桃花坞年画集》时在南京合影

1983年,与史维安(左)、李伟卿(右)在黄果树合影

时乎不再来

申报研究员是看到研究所还没一位干部出版一本图书,我已有四本,其中一本在东德莱比锡国际书展获得银质奖章,不算贸然、不知自量。申报完了,评审小组研究材料和大家评议投票,而后送到文化部批示。评审组除了领导等外,还有两名业务骨干,一名叫毕克官,一名叫吴甲丰。在此期间,透露出来评审小组讨论谁为正、谁为副的问题时,有人提出王树村为副研究员合适,他的学习和政治思想不够,工作方面欠积极,有人附和,有人反对。毕克官反驳说:"现在是评业务上的成绩,不是评学习或工作模范,王树村有著作、有文章,我们不要他做研究员,外国则要他。"结果通过了!回忆往年评"大跃进奖",我是拿最低的嘛,这事不怪,以后还会有。这种通病常发生在我身上。过去改造人们思想和世界观、人生观是教人们为人民服务,不要计较个人收入高低和得失,不要个人英雄主义,只顾显示自己的艺术才能。小干部一般工资不高,我是20级小科员,每月工资69元。

评定职称后，改变过去"大锅饭，无事干，抽烟喝茶学文件"的旧习惯，个人都要制订工作计划，工资加以调整，一般调上一级，二级的不多，且有一定限额。美研所15人，评升二级的只有三名，其中群众只有毕克官一人。"王树村是研究员，升一级，合理吗？"毕克官问领导，又说："我拿升两级的工资给王树村，我升一级才合理。"过去有句从苏联引进的话，叫"条件反射"，凡是一提到"王树村"三字，就冒出了"不问政治的落后分子"，无论评先进、评职称、评工资、评轮休……王树村都排队排到最末。20世纪80年代初，美研所恢复古今中外美术史的研究工作，让大家根据工作需要可以出国考察，每人先报名要去哪些国家，先提出书面参考。大家都高兴，我想了想，别浪费时间，出国考察不会有我份的。评级、涨工资若不是毕克官当评议员，我哪能获得。我与毕克官都是小干部，他比我小，平常没有什么私人关系，他画漫画，也不是同行，因他是山东人，性格正直，不说假话。他的为人受到了艺术研究院领导的重视，派毕克官为新所长。毕克官上任后，又推动工作，终因美研所内不团结，工作推进受阻，又不愿当一名所长享受局级待遇而无作为，但管不了争名求利的事儿，宣告辞职让贤。

新中国成立之初,我的革命热情和青年一样旺盛,我因少年所学,环境影响,总想为党、为国家做出一点事业,以报答党的培养,于是舍弃绘画,开拓中外专家还未研究的中国民间美术史,填补美术园地之空白。要完成此一志愿,空学理论无济于事,必须掌握第一手材料和实物资料等,方能起步。于是我看刘向《说苑》、段成式《酉阳杂俎》等笔记小说,搜索民间美术史料。这样做无碍于他人学习进步,但被认为是"不务正业",迷恋旧社会文化。人生苦短,我不能不珍惜时间,我的正业是给党和国家做出见得到的贡献,也算是正业。"时乎不再来",在抢救保护和研究中国民间文化遗产方面确有成就可言,不然怎能享受美术界第一批国务院发给的特殊津贴呢!

访问澳大利亚

"种瓜得瓜，种豆得豆"，自从国家独立自主，复兴中华民族优良文化传统，国家集中老一代的美术家编撰60卷豪华型《中国美术全集》，其中"民间年画""石刻线画""民间玩具、剪纸、皮影"分作三卷先后问世。从此民间美术回归到中国美术全史中的应有地位。同时，外文出版社出版了一部大开本的《中国古代版画（年画）》，行销西方，受此影响，德国、苏联、法国、美国等国家先后也出版了中国年画、神像（纸马）之类的民间版画艺术图书。

更令人喜出望外的是，澳大利亚于1984年4月在悉尼召开亚洲问题学术会议，寄来往返飞机票和请柬，指名邀我参加。时来运转，好多人报名出国考察，皆无消息，我自知出国排不上我，反倒外国人拿钱请我去，变成了全所第一个出国到资本主义国家者。一夜的飞行，翌日早晨到了悉尼，贺大卫要我到他家住。贺大卫是美国人，通华语，妻为英国人，有一个小女孩。贺大卫喜欢中国版画，他告诉我："亚洲问题学术会议是全亚洲学者聚会，讨论学术问题。大会发言有你，限20分钟,其余时间大家提问题,你解答。"大会发言后,提问题的真不少,都是有关传统文化和民俗版画的问题。有一女学生问到《花关索传》中的一些疑问,等等,侥幸的是过去学过古文,偷看了不少古书,所以未被难倒。还有会下几次逢到了台湾来的同胞,但既不敢握手,又不敢交谈,敬而远之。大会闭幕后,堪培拉、墨尔本等地美术馆、博物馆邀我参观和鉴定抗日战争时期大后方一些美术家的版画、馆藏的一些中国文物等。我是作为中国一位教授到的澳洲,那里很尊敬高级知识分子,无论坐火车、坐飞机都有高级席位,票价一样,接待人也很谦虚,每次发言或做中国画展览介绍、鉴定等活动,都给以报酬。联想到毕克官在评职称的会上说:"我们不要,外国人要。"我是自幼受爱国教育长大的,在国内遭"白眼",也无伤爱国心肠。

1984年,在贺大卫先生等陪同下考察雕塑

纸马艺术

民间美术是伴随着农耕社会发展下来的，是和农民生产生活分不开的。每逢新年、过节、五谷丰收，都要敬天谢祖，久旱不雨或冰雹虫害，也要祈神保佑……千百年来形成一种民俗活动，祭祖酬神是中国人不忘祖先创业发明之难。例如神农氏教民种田，尝百草为民疗疾，民间美术里就出现了用木版刻印的神农氏图像，供农家过年时买去，祭毕焚化。这类版画，俗称"神祃"，也叫"纸马"，全国各地差不多都有小作坊刷印，是一种最普及的民间艺术。但它多少含有迷信成分，又是祭毕烧掉，很少有人收集它。外国传教士却收集不少，且印出图书研究它。

我抢救收集了一大宗纸马，但不能像年画一样编印出版，报刊更不会介绍它。于是我投石问路，写了一篇介绍白族纸马的文稿和图，先寄到香港，试看能否发表。80年代初，向海外投稿不那么简单，必须由组织批准，而后送到海关检查，再由邮局查验才给寄走。还好那篇介绍白族纸马的文稿顺利地寄到了香港《美术家》杂志社，不久刊印出来，黄蒙田先生亲笔写了欢迎寄些不常见的民族民间美术图文。从此民间木刻版画纸马艺术在报刊上渐露头角，以后才出版了纸马艺术专著，可见开垦民间美术园地艰难、曲折、复杂之一斑，殊不知纸马艺术表层迷信色彩揭去后，便露出了人类文明进步的历史层次。纸马既有风伯雨师、牛神马王等，农耕社会初期人们对自然界不了解，认为产生的万物皆由神灵主宰；也有教民养蚕织帛的嫘祖（马头娘）、聚众讲学的教育家孔子、创造土木瓦工工具的公输般（鲁班）、种棉织布的黄道婆。医药卫生方面的就更多了，如写出《伤寒论》的张仲景、外科手术名医华佗……都是中国走向世界科学行列的历史人物。纸马里还有一些文财神、武财神、增福财神、土地财神……如果择这一批纸马作为社会发展科学研究，便会发现人类最初是由神灵"主宰"，神与人并存，社会不断进步，科学日渐昌明，才知生产工具、医药卫生、造纸种茶等等皆由历史上的先贤发明创造而来。财神的盛行，反映了中国社会于鸦片战争后曾处于半殖民地半封建的时代，外国人在中国开埠通商，输入鸦片，掠走金银财宝，农村经济渐向城市转移，沿海城市商品经济发达，人们"发财还家""发财致富"的思想打破了"五谷丰登"和"诗书继世，忠厚传家"的旧观念，所以在纸马艺术里，艺人创作出了顶盔披甲的武财神（赵公明）、穿袍系带的文财神（比干），供城市工商业者祈财求利，丰富了民俗生活。

民间美术中的纸马艺术研究起来很有科学价值，但因它表层的迷信色彩，很少有人收集它，致使大量流到国外。新中国成立后，渐已绝迹，所幸早年收集的各地纸马，"文革"时藏埋到杨柳青，未毁。近年联合国教科文组织发起保护世界非物质文化遗产的申报措施，国家文化部门已将纸马、年画等民间美术列入文化遗产的名录中。

纸马一物既是旧社会艺术产品，且有虫神、龙王、灶君等俗信图案，然而它又是民间艺术家创作出来的版画艺术。从宋朝算起，市井就有印卖钟馗、天行帖子和贴灶马的文字记载，算来已有千年历史了。纸马艺术又维系中华民族尊师敬祖、不忘先贤创造发明之道德观念，研究起来很有文化遗产价值，不可简单地以其为迷信品视之而抛弃。

其实我想画山水风景画的兴趣要比研究民间美术浓，其时画廊、拍卖行都有寄卖画的生意，画画比研究工作轻松而养神。衡量一下，研究民间美术是为"争一口气"，意义深重。画画只是个人受益，无利于祖国文化昌明复兴。两者择其一，量自己才艺低浅，兼顾不可能全美，而民间美术资料已费时三十多年，不能功亏一篑，从此收起了画画的兴趣，一心从事中国民间美术史的研究工作。

鲁公输子先师，清代版，纸马，版印笔绘，纵58厘米，横46厘米，北京，王树村旧藏（参见刘莹：《中国古版年画珍本·北京卷》，武汉：湖北美术出版社，2015年，第122页）

公输子，姓公输，名般，或谓公输班，春秋时鲁国人，故俗称鲁班。据《孟子·离娄》，东汉赵岐注："公输子，鲁班，鲁之巧人也，或以为鲁昭公之子。"传说鲁班创造发明了作战攻城的云梯以及锯、刨、钻等土木作工具，还曾造木头人为其挑斧刨工具，亦有鲁班首创风筝之说。《佛留一百二十行》谓：鲁班为石、木、土、绳匠之祖师。农历十二月二十是鲁班先师诞辰日，旧时北京建筑行业集聚在广渠门内鲁班殿，酬谢神恩，休工一天。

鲁公输子先师

至圣孔子先师，清代版，纸马，版印笔绘，纵32.5厘米，横25厘米，北京，王树村旧藏（参见王树村：《中国古代民俗版画》，北京：新世界出版社，1992年，第36页）

孔子，名丘，字仲尼，生于春秋末期鲁国的陬邑（今山东曲阜南），曾在鲁国任司寇（掌管刑狱、纠察等事），后不被录用，遂周游列国。孔子提出以"礼治"为治国纲领，人要讲"仁义"。他的主张和言行，由门徒记载下来，编成《论语》一书。孔子是儒家学派的创始人，修春秋、定礼乐、删诗书、赞周易，教弟子三千，但能通"六艺"（礼、乐、射、御、书、数）的只有七十二人。唐开元二十七年（739）追谥"文宣王"，明嘉靖九年（1530），追谥"至圣先师"。每年农历十一月初四孔子生日，旧时塾学教师祭孔，放假一天。

至聖孔子先師

访问苏联

十多年后（1987年），苏联一家美术出版社阿芙乐尔致函中国人民美术出版社，邀请专门研究年画的两人去苏联商谈联合出版"苏联藏中国年画集"和鉴定中国纸马、民间美术等事项。这是一项中苏民间交往活动，很快得到了批准。

到了莫斯科，转乘火车抵列宁格勒（今圣彼得堡），苏联中文翻译李福清负责接待我们。李福清60年代在北京大学中文系留学，研究中国民间文学，喜爱中国年画。在苏联列宁格勒，阿芙乐尔出版社议定由中苏两国出版社分别用中俄文各出一本《苏联藏中国民间年画珍品集》，编者王树村、刘玉山、李福清。

开始是到各大博物馆，其中包括宗教博物馆、民俗博物馆等，在这些博物馆中，收藏的年画多半是杨柳青作坊产品和北京等地的木刻版印纸马，重复的较多。据说都是19世纪末俄国在中国东北和北京、天津等地收集的，那时俄国势力还没伸入河南、陕西、四川等地，所以京津纸马年画多，不如中国收藏的年画多而齐全。但中国最早的年画、神像《隋朝窈窕呈倾国之芳容》《义勇武安王位》《福神》等金元时期山西平水（今临汾市西）刻绘的珍贵绝品，却早在清朝末年被俄国科兹洛夫探险队潜入中国甘肃黑城子（位于今内蒙古自治区额济纳旗），盗挖西夏遗址文物后运到俄国圣彼得堡去了。原物尚在该博物馆同其他一些中国西域出土文物展出。这三件中国早期的年画纸马，绘刻之精美，难分是画家、画工之作。可见古代民间美术在中国美术发展史上是不容忽视的。可惜的是这三幅作品已被俄国人盗运出中国。瑞典考古学者斯文·赫定随后来到黑城子，见到科兹洛夫发掘的西夏、元代文物运走后，感叹不已，可是昏庸的中国清朝政府却还睡着做那皇祚万世之梦呢！所以在写《苏联藏中国民间年画珍品集》之序文时，我写道藏在苏联的那三幅中国早期年画是清末俄国人科兹洛夫率领探险队从中国黑城子盗走的，苏联人李福清不同意，因而争吵起来，最后我说："既然不是盗走的，那就应该归还给我们。"他无言可答。西夏的文物（佛经、《白兔记》唱本、杂字等等），汉学家孟可夫已整理出版了俄文本，是研究西夏文字、文化的难得资料，国内罕见。我曾写一篇《流入国外的西夏文物一瞥》发表在20世纪80年代末的《美术研究》上。文物被外国人盗走，自己还不觉悟！

50年代以来，一切以苏联为师，电影也多为苏联的片子。印象中苏联生活如在天堂，美好快乐，中国比不上，但在苏联的亲身目睹，并非如电影所宣传。我们住在亚洲大饭店里，早饭免费吃饱，李福清要我们吃饱些，好工作，午饭、晚饭较简单。早餐有鸡蛋、牛奶、果酱，肉类很少。午和晚两顿都在小饭馆吃，最好的副食是土豆团子，面包不要钱，没有青菜和肉类、鸡蛋等。商店也没卖肉和菜的，更无酒类供应，牛奶和冰淇淋随处都有卖的。但在文化教育方面很重视，博物馆门外总有学生们排队，老师带队入馆参观。

1987年，在列宁格勒普希金广场与中国年画专家李福清先生（右）合影

"三寸金莲"的故事

在苏联列宁格勒参观民俗博物馆的展品时，中国裹小脚的陋俗同时展于展品柜内，不仅有小鞋，还有用石膏翻制的小脚真实原型，还标有俄文说明！我看了很不高兴，感到这是民族落后的耻辱。传达到《美术》编辑部，刊物上注意了这一问题。看到苏联民俗博物馆收集的这类中国陋俗，并用模子从小脚翻出真实石膏模型，无非是帝国主义侵华时代的宣传产物。西方列强欲瓜分中国，曾用香烟画片、拍摄照片，甚至花钱叫捏面人的捏出花子吸鸦片等丑化中国的形象，拿到国外宣传，证明他们征服中国这样落后的国家是有道理的。但他们却只字不谈，鸦片是英国输入的，梅毒是西方输入的，以及他们奸淫烧杀，火焚圆明园，盗走大量文物（《永乐大典》，圆明园狗首、羊首……）。光看到中国陋俗的不文明之一点，却看不见自己不文明、野蛮的全面！

两岸的民间文化交流

1988年，中国美术馆副馆长曹振峰，召开了第一届中国民艺学理论研讨会，邀请了台湾《汉声》杂志社的同胞参加。来京参加者有总编和副总编吴美云、黄永松二人，开始发言都很生疏，后来直言要看我的藏品。当看到我收藏的年画戏曲题材的部分时，他们感叹不已！认为这是国宝，蕴含着中华民族很深的文化层次，40年来幸存至今没被毁灭，好不容易，遂决定出两本《戏出年画》，全部用彩色，大开本，海外发行。以后另立合同，出版《杨柳青年画分类大全》。台湾本省也有年画，以台南王盈记纸店印的年画、纸马最著名，大都是翻刻福建泉州、漳州的产品，杨柳青的年画罕见。

20世纪80年代，台湾台北市雄狮图书公司经理李贤文旅游法国，在巴黎旅法画家陈建中家里见到一本《杨柳青年画资料集》，很感兴趣，于是全部拍摄下来，回到台湾以《杨柳青版画》的书名，由雄狮图书公司裁改翻印出版。后来听台湾民间美术专家庄伯和先生讲："当《杨柳青版画》出版后，台湾民俗民间美术学者还聚会庆祝此书出版。"此说折射出了民间美术在两岸和平统一的文化方面先行了一步。此一评价并非虚夸，后来台湾三民书局、东大图书公司等，先后出版了《红楼梦图说》《杨柳青青话年画》《门与门神》等民间美术图书，"汉声"出版的民间美术图书、文章、年历就更多了。

民间美术对两岸文化交流胜似当代书法、绘画之两岸文化交流，其功绩还不仅于此。民间美术的兴起，显露出了过去的中国美术史，元代以后颇有贫血之感，抄来抄去总是那些人、那些事，换个观点，也没把劳动人民创作和喜爱的年画、剪纸、版画、玩偶等等编入其中，破多立少，难免有"千篇一律，千人一面"之说。民间美术若收入中国美术史册占一席之地，总会增添一分春色，改变过去中外出版的中国美术史之模式。

亡羊补牢

自20世纪80年代起，虽然说改革开放了，但害怕运动反复，故不敢将藏在杨柳青的那些资料贸然运回北京，乃采取一步一步地随身携带一点，分散运京。就这样，在一次由山东青岛开往北京的列车上，在杨柳青站上车后，遇到乘警的盘问，问我带的是什么东西？我把筐里放着的泥模子、陶佛、草稿等给他看，他也看不懂，就走了。后来盘查的事情少了，我的资料也全部搬完了。

改革开放后，人民美术出版社恢复了正常工作，约我先编一本年画画集。我想了想，古人著书立说都有寓意的，宗旨是有益于后世，并非为名图利，我应效法先贤，编写此画册要有目的。想到三十年来运动不断，年轻一代很少知道中国历史之悠久。有鉴于此，我想趁编这本年画的契机，把年画中历代故事题材的作品，按照历史朝代更替，各选一二幅顺其时代发展编排下来，俾使读者既能欣赏画面艺术，又能看故事文字说明。画册由"殷纣王宠妲己""周文王访贤"起，历经秦汉南北朝、隋唐五代，至明清民国止，将中国正统的历史朝代出现于历史小说的故事,编成了一本《杨柳青墨线年画》,并很快于1981年出版了。一方面,这本墨线年画不仅给读者以中华民族文化的历史悠久、丰富多彩,而且故事中不少保卫祖国领土的英雄人物和民族气节名著史籍者,如"苏武牧羊""收陆文龙"(岳飞故事)等。还有一些有教育意义的,如"谎言无益"。另一方面,也反映了年画艺术于中国绘画史,仍传承古代画论所说"图绘者,莫不明劝戒、著升沉,千载寂寥,披图可鉴"的优良传统,其在中国美术史上之重要,不言而喻。

1981年,北京人民美术出版社率先出版了所谓旧社会的帝王将相、才子佳人的木版年画后,上海、四川、浙江、天津以及北京等地的出版社皆来约稿,出版过去未曾出版过的民间美术图文稿件,尤其是北京的外文出版社,也来约编图文画册,有的译成英文本,有的译成英、德、法文本,行销国外。从1981年到1990年十年间,我共出版了民间美术专著15本,其中包括《中国民间画诀》《民间艺人方炳南画稿》《徐白斋》(灯画艺人传)等。

还有引以为荣、值得一提的是,国家为复兴中华民族灿烂的文化艺术,集中了全国60岁以上的考古、文物、书法、绘画、雕塑、工艺、古建，还有民间美术等方面的专家，组织成《中国美术全集》编委会。专家们分门别类地把尚存于国内的古代绘画、彩塑、雕刻、陶瓷、民间年画、皮影、玩具等编著成60部精装彩印大开本的画册，由国家出资，各大出版社出版，计划十年完全出齐。亡羊补牢，不再继续破坏，幸存的则一一编辑成册，逐图加以说明，便于后人研究参考，永存于世。此一举措是我国印刷出版史上全用彩色版刷印一系列国宝典籍的创举，而且民间美术亦排列其中，更是空前之举，它证实了中国美术史发展到封建社会晚期，宫廷美术和文人画业已徘徊不前了，而广大农村和城市劳动人民对文化包括美术等精神食粮的需要日益迫切，从而推进了民间美术蓬勃发展，但由于民间美术收藏和著述者不多，故今人撰写中国美术史大都到清末任伯年、吴昌硕止，鸦片战争后反映人民抗敌斗争题材的版画、年画等民间美术作品却缺而待补。

收陆文龙,清代版,贡尖,版印墨线,横112厘米,纵63厘米,天津杨柳青,王树村旧藏(参见王树村:《杨柳青墨线年画》,北京:人民美术出版社,1980年,图版31)

故事出自《说岳全传》。南宋初,岳飞追击金兵至朱仙镇,不意被陆文龙击败。陆文龙原为节度使陆登之子,登死,金兀术收文龙为义子抚养。王佐深知详情,乃断臂降金,往说陆文龙,促其省悟,共击金兀术。图画宋将何元庆、岳云等,围战陆文龙,众难得胜之景。

陸文龍

我的夙愿

改革开放后,经济方面引进了外国汽车、飞机、银行,甚至快餐店、咖啡店……在各城市繁闹之区的商标惹人注目,动画片更是从娃娃抓起。过去批判的抽象派、现代派美术作品很受西方画商青睐,他们以低价买去,运到西方,获利十倍百倍,一时画廊增多,生意兴隆。同时,中外拍卖行开业了,古代文物、时贤字画都有生意,盗墓团伙多了,伪造名人字画多了。随着高楼建起,买了房子装修四壁,促使了山水花鸟、风景静物画家的创作兴趣。

于此现实情况下,我曾自忖:自幼喜欢画画,长大也下过苦功,打下了画画基础,过去还画了不少各地风物古迹的画稿,如果再练习些时日,画画也可修身养性,增加生活兴趣,发挥自己的创作功能,也是有益于中国传统绘画事业的。转而又想到民间美术已拓开了一条路子,还有好多文字与图之资料有待整理发表,以拓宽园地,而且它又是最后完成《中国民间美术史》的一部分,放弃有失爱国初衷,兼顾不可能,不能从个人兴趣出发,从经济效益上想。只有苦耕民间美术这一荒地,将来会有丰收成果的。反复考虑得失是我最大的弱点,考虑到最后,还是决定继续研究民间美术,完成《中国民间美术史》的夙愿。

民间美术的生命力

1990—2000年,退休在家,结束了美研所集体编写《中国近现代美术史》的工作。(按:《中国近现代美术史》已消耗了不少人的宝贵时光岁月。)从1963年开始,美研所和中央美术学院美术史系合作,集体编写《中国近现代美术史》。开始大家分头去找资料,查文献,写卡片,抄录有关的画册、画报、序言等,访问各地老一代的美术教育家、画家、民间艺人……记录下第一手资料,汇编成《中国近现代美术大事年表》《中国近现代美术资料集》,资料很丰富,但编写成《中国近现代美术史》,可不那么简单了。过去的中国美术史以中国绘画、书法、金石、雕塑等为主,近现代美术发展到西方油画、水彩、雕塑等艺术的出现,引起了一部分人否定中国画有发展前途,认为中国画是人造自然山水,摹古人范本,没有出路。一部分人则坚守传统国画阵地,组织画家成立画社,以传授中国传统绘画技艺,抵御西风侵蚀中国风格的绘画。此外,资料也反映了宫廷和文人绘画由于封建社会制度消亡,民主形势日益强盛,平民百姓要求的美术形式、内容起了变化，不仅扩展了中国民间美术领域，相形之下，更显露出了民间美术生命力之强，要胜过宫廷和文人绘画。

就以门神来说，《周礼》已有"礼门神"的记载，发展到今天，门神仍在广大城乡新年时去旧换新，为其他美术品类所难媲美。民间美术这一未开拓的艺林园地，需要深入研究它。回顾编写《中国近现代美术史》，工作资料越多越难下笔。写来写去完成不了任务，最后将草稿交给了人民美术出版社，再也没有下文了。因为那时强调集体创作，不突出个人，所以写什么重大题材的书，大都成立一个编写组，集体分工负责，不署个人姓名。《中国近现代美术史》原来的写作班子早已人马不全了，到了改革开放后，也就无人查问了。

复苏与发展

回忆少年时所受的教育,有二:一是爱国,一是爱惜时间。青年时因学绘画,老师讲作品要有"意境",能令观赏者在"画中游",所以要读诗词古文,从中理解"意境",所谓"诗中有画,画中有诗"。常言道"先入为主",此话不错。新中国成立前后,通过学习、劳动改造思想,但热衷民间美术研究的思想没有彻底改掉,不时出现,付诸行动。所以前半生都在被批评的日子里过来的,最初是批评我"玩世不恭",后又批评我"自由散漫",进一步是"学习不积极""思想不开展""跟不上队伍""背着旧社会旧包袱"……最后被视作一面"白旗",险些被拔掉,幸有优点,劳动积极,接受意见,得以被领导保护下来,未成"右派"。

俗话说"路遥知马力,日久见人心",20世纪末民间美术得到复苏发展,就中外出版的关于民间美术的专著,又有17部。其中的图版资料,大都是过去抢救的,如《花笺掇英》(黑龙江美术出版社出版),是1949年前后从各地南纸店收集的。随着作诗写信的人几希,雕版水印的花笺(又名诗笺、信笺），已失去了原有的文化韵味，代之而起的是打字机、电脑、"笔记本"等等，用不着文房四宝，也不用练习书法。花笺信纸已变成难得的民族民间文化遗产了。它既有明代《十竹斋笺谱》复制品，也有清代任阜长、钱慧安，昆曲艺术家白云生，京剧艺术家荀慧生的作品，涵盖了传统绘画中的山水、人物、花鸟走兽、博古等各种形式，题材中还有清朝禁印的《西厢记》《红楼梦》等小说故事，十分可观。印刷在深圳的一家工厂，印刷精美与原件笺纸难分真假，是20世纪鲁迅、郑振铎先生编的《北平笺谱》后，继而出现的彩色笺谱。因成本较高，印数不多，有待再版，难知可否！

回想旧年画中，不少教人尊礼敬义、孝父母、讲正气的画品，规范着人们做好事、讲正义，不走邪道。如孔子教人"己所不欲勿施于人"，关公（羽）重义轻财，忠于汉室。观音菩萨救苦救难，慈悲为善。钟馗杀尽贪污腐化虚耗之鬼，为百姓镇宅。这四位文武圣人，是佛经、小说中的人物，对过去中国老百姓来说是最熟悉、最崇敬的偶像了，在版画、绘画、瓷塑、彩塑等民间美术里，都有传世的精美作品。于是我和广东岭南美术出版社商定，出版一部《中国民间四百宝相图说》，将孔子、关公、观音、钟馗之图相，各选百图，以自己收藏的资料为主。先是以《钟馗百图》面世，效果不错，断续刷印了三版。四百宝相出齐后，在全国图书评优会上，获得了第11届中国图书奖。不久，韩国有关出版事务的人员，认为《中国民间四百宝相图说》对韩国国民也有同样的教育意义，就要从广东岭南美术出版社将"四百宝相"版权买过去。

山水，笺纸，作者：溥心畬，纵29.9厘米，横20.4厘米

竹林余韵,清代,陈慰之,纵23厘米,横12.5厘米,王树村旧藏[参见王树村:《花笺掇英》(上卷),哈尔滨:黑龙江美术出版社,1999年,第103页]

图中一仕女身坐于一太师靠背椅上,手弹阮咸,侧身回顾。题作"竹林余韵"。下款刻印"老莲居士有此本,慰之"和篆体"慰之"一方印。按:中国弹拨乐器中有阮咸。根据傅玄《琵琶赋》序所载,阮是乐工参照琴、筝、筑、箜篌等乐器创制而成。阮圆形音箱,直柄、十二柱(品)位、四弦。西晋阮咸善弹此新制乐器,因当时无以为名,后人便称其为"阮咸"或"阮"。阮咸,字仲容,自由散漫一生,仕为散骑侍郎,出补始平(今陕西兴平东南)太守,卒于任内。阮咸为晋初"竹林七贤"之一。图中女子弹阮咸,故称"竹林余韵"。

竹林餘韻 佳蓮寶製

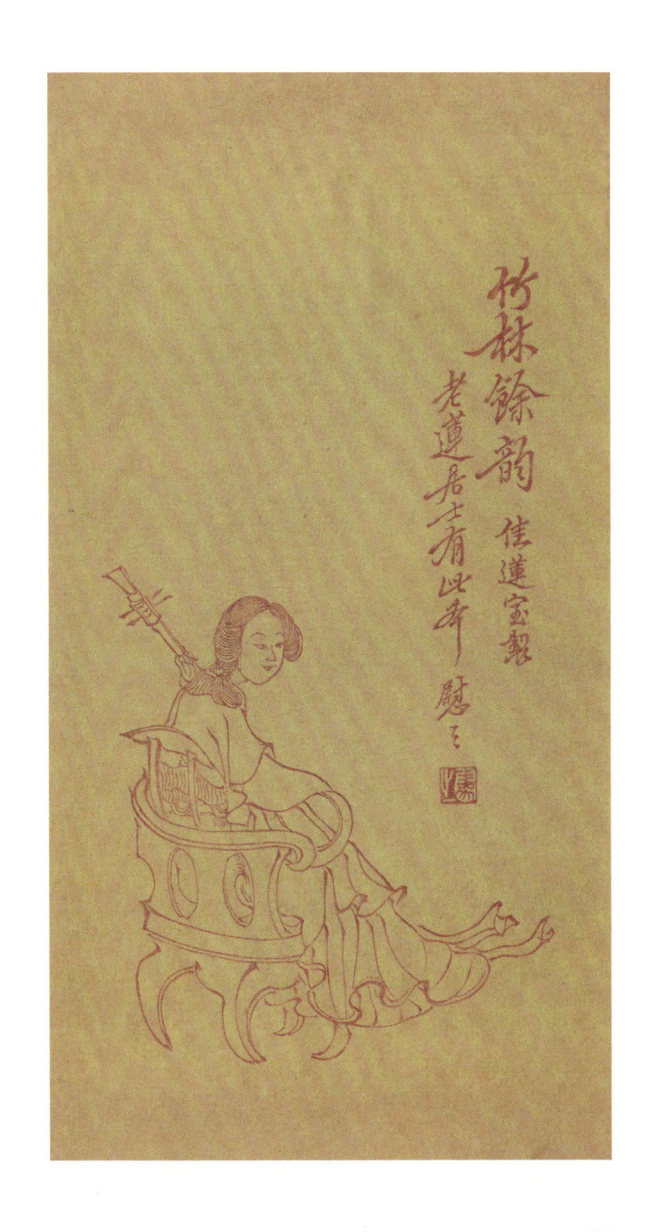

老蓮居士有此奇態

百禄,清代,刘炳堂,纵27厘米,横15厘米,王树村旧藏〔参见王树村:《花笺掇英》(下卷),哈尔滨:黑龙江美术出版社,1999年,第235页〕

鹿是古代与人关系密切的动物。美丽的丽(麗)是两鹿并行;鹿行扬土,是为风尘的尘(塵);庆祝丰功伟绩的庆(慶),乃是一个人,怀中抱着一张鹿皮(《礼》"丽皮纳聘",亦指鹿皮)。鹿与禄字音谐,禄为古代官吏之代名词,禄位高低是指官品高低。民间吉祥语汇中,有"受天百禄"之词,是祝人高升大官之义。图中画一鹿转头举目遥望,似在有所盼想。上刻"百禄"为题,下款"炳堂写生""声伯题字"和"清秘"古钱图章。

百祿
炳堂寫生
聲伯題字

降福消灾,清代,神像,木版套印,尺寸不详,苏州桃花坞,王树村旧藏(参见王阑西、王树村:《钟馗百图》,广州:岭南美术出版社,1990年,第111页)

此图以浓淡墨套印钟馗,上有"四季平安""降福消灾""生意兴隆"三方朱印。钟馗扬剑执笏,举步若奔,袍袖生风,灵动有神。色彩尤其别致,粗犷中可见精雅。

149

开拓一条道路

20世纪80年代,中央美术学院新建年画连环画系,以培养大学生学习民间美术技艺和创作方法。这是民间美术首次进入大学课堂,不再被视作难登大雅之堂的俗画了。以前曾应上海人民美术出版社叶文熹之约,编一部《中国民间年画史图录》,出版了上、下两册,概括了全国各地30多个年画作坊的产品,共800余幅,其形式不同,内容各异,是一大宗幸存于国内的民间美术珍品。此后,继中央美术学院创建的年画连环画系,各地美术院校,如陕西西安美术学院、天津美术学院等,都有了民间美术课程,教材离不开《中国民间年画史图录》《中国民间画诀》等作为基础。民间美术在教学方面提升了地位,而在上海人民美术出版社出版的"中国美术史图录丛书","年画史"也列入其中,民间美术作为中国美术史组成之部分,已被社会艺术界公认了,从而拓开了一条深入收集资料和科学研究道路,更可证实它为重新编写《中国美术全史》准备了条件。

民间美术出版物的品类增多,引起学术界的反响,新加坡、日本、法国等国家和中国台湾、香港，都来函邀我去讲学或参加会议，举办民间美术展览活动。新加坡国家人口不多，主要有华人、印度人和马来西亚人，中国福建、广东籍的侨民占多数。在新加坡逗留期间除了给新加坡国立大学作了一堂"中国民间版画艺术"讲座外，还到了各地和马来西亚槟城等华人聚居的城市，进行了民俗考察活动，获悉这些地区中国寺庙较多，农历新年时寺庙里人山人海，有求签算命、焚香烧纸马和金银箔等等信俗活动。寺庙里所供奉的神佛大都和中国东南闽粤人民所崇信的一样。佛寺有释迦牟尼、阿弥陀佛、观音菩萨、地藏王等，神庙有关帝、孔子、老子（三清观），还有三山国王（闽粤台一带保护神）庙等，每逢正月新年期间，庙会上有百货杂陈，也有从中国进口的年画、剪纸、纸马等。

1997年，应邀赴新加坡国立大学讲学留影

1999年4月30日,赴台湾在两岸民俗文化学术研讨会上发言,右为活动发起人许常惠先生

2006年8月19日，赴内蒙古和林格尔考察汉墓路上

王树村（1923—2009）
摄于1997年，山岸清子

王树村年表

1923—1936

1923年5月4日,出生于北方年画艺术之乡——天津杨柳青。幼时入私塾学习古文、字画,爱上美术,也爱上剪纸、年画、泥人等民间美术。

小学毕业后,考入天津市立美术学校,学习绘画。

1937—1945

1937年,全面抗日战争爆发,天津沦陷,学校关闭,回到津郊杨柳青读书学画。见日伪政权收集木版年画,运往伪满洲国,遂激起收集年画及民间美术品之动机。开始收集杨柳青年画和画版,并听取老艺人讲年画掌故和作画口诀。

进入青年时期,目睹生活之困难,为谋一技之长,遂拜画师阎文华学人物画。

1945年,见到日本人编撰的《中国古版画图录》《中国陶瓷艺术》《中国版画史概观》等书,遂立志为中国民间美术著书立说。

1945—1948

在天津市立美术馆附属学校学习素描和国画,收集民间美术品。任职于静海中学,教美术。

1949

天津解放,考入华北大学美术科。同年在北平市文艺工作委员会任美术干部。

1950—1955

先后在北京市人民美术工作室、文化宫组织辅导职工业余美术工作。

参加"全国第一届工人体育运动大会""第一届全国体育运动展览会"的布置、设计工作;为《新民报》《天津日报》《工人日报》创作速写、宣传画,描绘工人生活;撰写研究民间年画、剪纸、玩具等文章,发表在报刊上。

首次将收集的木版年画、玩偶、泥人等,在中国美术家协会美术展览馆展出。

1952年至1955年,在中央美术学院专修美术史和美术理论课程。

赴徐州、潍县、青岛、济南等地考察、收集民间美术资料,并访问年画老艺人。

1956—1959

1956年,调至《美术》杂志任编辑和记者。

赴南京、苏州、无锡、上海、北京等地采访民间艺人,收集传统画稿及创作秘诀。

参加政治运动,到十三陵水库和密云水库劳动锻炼。

1960—1976

1960年,调入中国美术研究所从事美术研究工作。从工作中感到中国美术史中独缺"民间美术"篇章,决意要撰写一部《中国民间美术史》。当时研究人员要下放到农村改造一年,被送到河北丰润县老庄子公社劳动。

1967年至1976年,"文革"期间,民间艺术被列入清扫对象,业务被迫停止,但仍暗自研究与写作《中国民间美术史》。

1967年秋,冒着生命危险将历经千辛万苦收集来的一批民间美术品(共17箱,万余件),托人偷偷运回老家杨柳青埋藏起来。

因出版《京剧版画》一书,而遭缧绁,后被释放。

1970年,随中央美术学院教职工到河北省磁县某部队劳动改造。

1971年初,随军转到河北省石家庄市获鹿县农村劳动,任炊事员。

1974年,所在的中国美术研究所合并到文化部文学艺术研究所(即中国艺术研究院前身)。

1975年至1976年,因撰写《中国美术史》,获机会到甘肃敦煌等地考察石窟艺术。

1977—1980

"文革"结束后,去各地考察、收集民间美术品,期间创作了数百幅国画和水彩画作品。

将"文革"时埋藏在家乡的民间美术品陆续运回北京。开始编写《中国年画史图录》,整理木刻纸马、泥偶彩塑、剪纸、吉祥图案、戏出年画等,并写出其各门类艺术的发展史,陆续发表。

1981—1988

1981年,到四川绵竹、成都、重庆讲学。

1983年6月,启程前往泉州、漳州、厦门、潮安、汕头、澄海、佛山、南宁、沔尾九处,做民族民间美术考察和搜集资料工作。

从80年代中期开始,担任中国工艺美术学会民间工艺美术专业委员会副主任等多项社会职务,为民间美术事业和学科的发展呼吁和奔走。

1984年4月,应邀参加在悉尼召开的亚洲问题学术会议,并展出一部分版画和各地民间古版年画。大会闭幕后,在堪培拉、墨尔本等地美术馆、博物馆,参观和鉴定一些抗日战争期间大后方一些美术家的版画,以及馆藏的一些中国文物。

1985年,培养中国第一代民间美术研究专业硕士研究生3名。

1986年,赴陕西、河南、山西一带搜集古代石棺上的线画和木刻门神等。

1987年4月,应苏联国家出版局邀请,赴莫斯科、列宁格勒等地博物馆参观、鉴定中国民间文物。

1989—2000

将"文革"时期埋藏的民间艺术品陆续运回北京。继续编写《中国年画史图录》,整理木刻纸马、泥偶彩塑、剪纸、吉祥图案、戏出年画等,并写出各门类的发展史,相继在国内外发表。

1992年，承担国家重点课题《中国民间美术史》的研究工作，开始持续多年的全国性民间美术考察和调研工作。

1995年，应香港大学邀请，在港大美术博物馆展出民间版画、绘画、刺绣等藏品。

1997年，应新加坡国立大学邀请，进行学术交流，讲授"中国晚明时期的版画艺术"。

同年，应邀到日本民艺馆参加"第一届中国民间版画国际研讨会"，并做了"冬至闲话年画——中国年画之我见"的专题报告。

1998年冬，考察广东潮州民间艺术。

1999年，在广东美术馆举办"王树村藏清代戏出花帽刺绣展"。

同年，应邀赴台湾参加在台中市召开的"两岸民俗文化学术研讨会"，做"中国纸马艺术"讲座。

2001—2009

2003年，赴冰岛海港城以"中国民间版画概观"为题，展出反映中国人民生产生活的石刻线画和民间年画，展期17天。

同年，赴法国、意大利、奥地利等国的民俗博物馆观摩访问。

同年,身患重病,往返家中和医院,仍笔耕不辍。获得中国工艺美术学会民间工艺美术专业委员会授予的首批"中国工艺美术终身成就奖"。

2004年,获得中国美术家协会授予的首批"卓有成就的美术史论家"荣誉称号。

同年,向中国美术馆捐赠个人珍藏的清代各产地年画55件。

同年,《美术观察》发表了郑工对王树村的专访,题为《王树村:"一个人搞研究要有远见"》。该访问对其个人的学术生涯做了全面的描述,特别提道:无论节假日,一有空暇,就跑到古旧书店、旧货市场或废品收购站,先收集先抢救。几十年间遍访民间艺人,收集的民间艺术品计七大类达一万七千多件套。

2005年,赴天津杨柳青画社鉴别年画,为在中国美术馆举办的天津杨柳青年画展提供展品支持。

2007年,在中央美术学院美术馆举办了"中法民间版画:王树村及亨利·佐治藏品展",出版了展览图录。并于香港大学美术博物馆进行巡展。

同年,获得中国文学艺术界联合会颁发的"第六届造型表演艺术成就奖"。

2008年,第二次向中国美术馆捐赠明清古版戏出年画、门神画175件,清代戏出绣幛7件。

2009年4月,"艺林拓荒——王树村民间美术收藏与研究成就展"在中国美术馆开幕。

同年,将大量著作手稿等资料整体交托天津市非物质文化遗产保护中心。

同年,10月31日,王树村先生在北京协和医院因病医治无效,辞别人世,享年86岁。

(天津王树村民间美术研究中心　整理)

王树村旧藏民间美术撷珍

天津杨柳青年画

秦琼、尉迟恭，清代版，天津杨柳青，版印笔绘，右：纵148.6厘米，横83.2厘米，左：纵140.5厘米，横79.4厘米

169

十不闲,清代版,天津杨柳青,版印笔绘,纵57.9厘米,横105.5厘米(参见姜彦文:《中国古版年画珍本·天津卷》,武汉:湖北美术出版社,2015年,第299页)

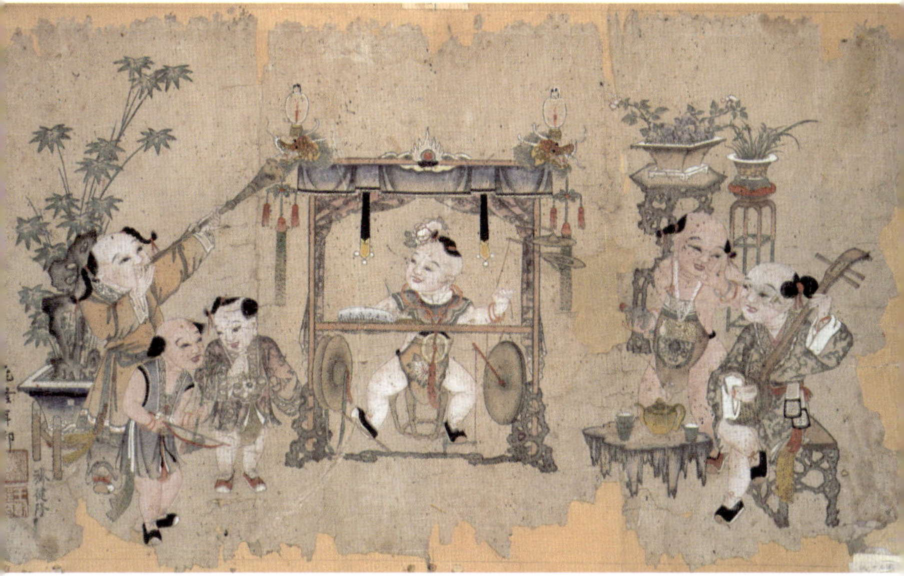

"十不闲"局部

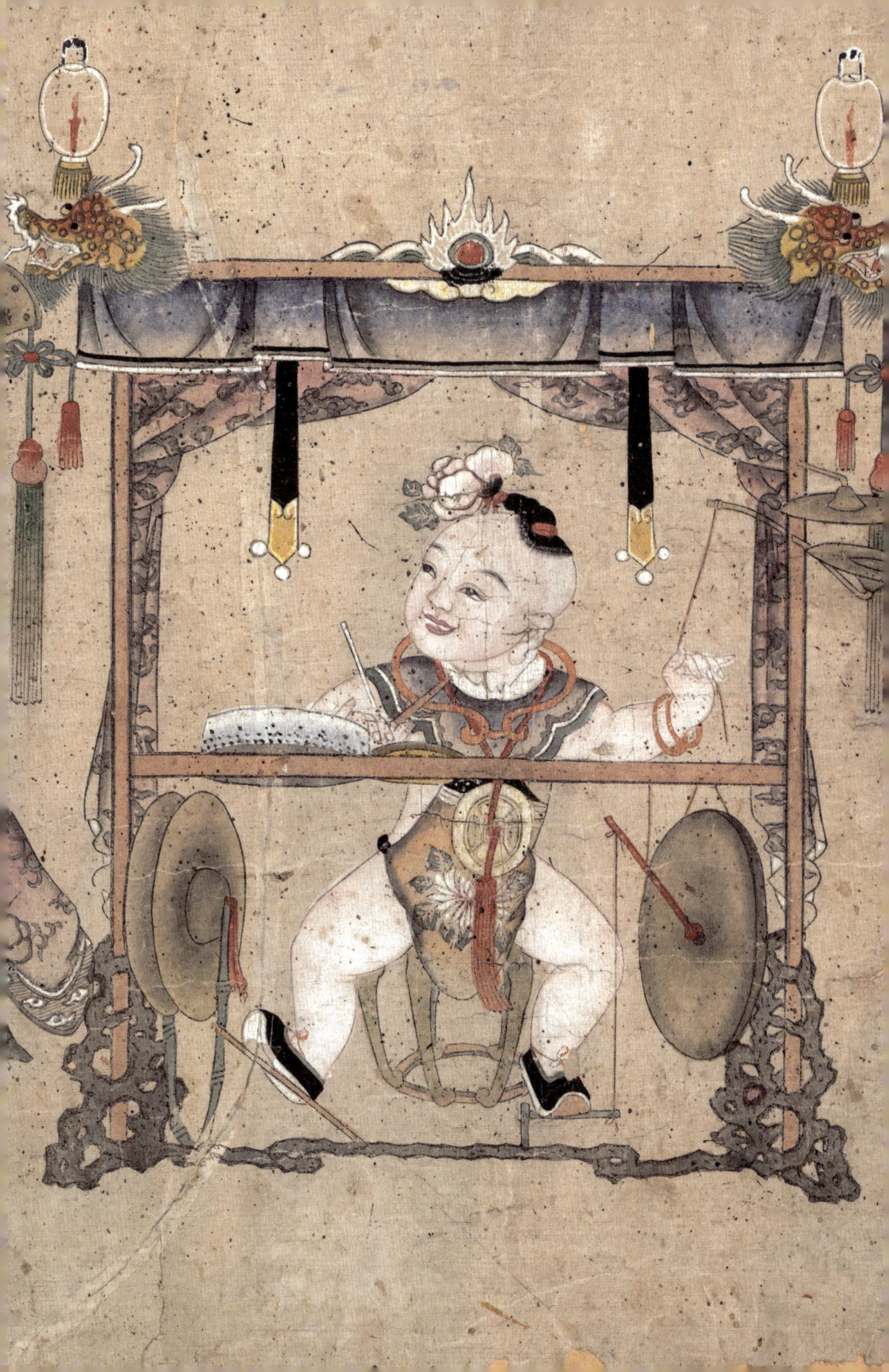

打龙袍,清代版,天津杨柳青,版印笔绘,纵57.2厘米,横104.9厘米(参见姜彦文:《中国古版年画珍本·天津卷》,武汉:湖北美术出版社,2015年,第266页)

打龍袍

"打龙袍"局部

打龍袍

包公

麒麟送子，清代，天津杨柳青，版印笔绘，
各纵49.9厘米，横28.4厘米

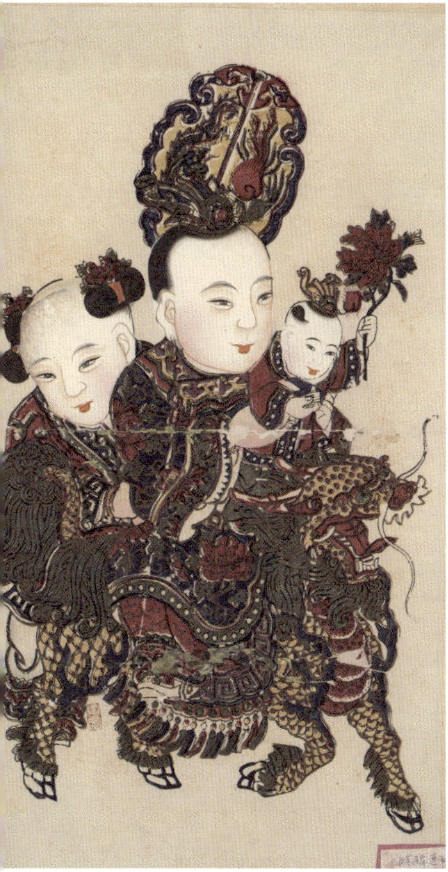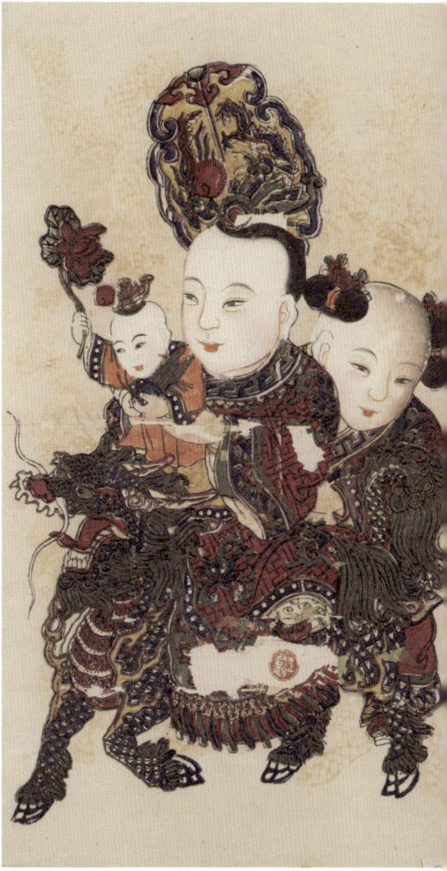

大观园，清代，天津杨柳青，版印笔绘，纵62厘米，横110厘米

大觀園

"大观园"局部

贾贵妃　林黛玉　贾宝玉

水墨观音,清代,天津杨柳青,版印笔绘,纵54厘米,横32厘米(参见王树村:《观音百图》,广州:岭南美术出版社,1995年,第65页)

185

北京纸马

巡山大王,清代,北京,版印笔绘,纵53.3厘米,横47.2厘米(参见刘莹:《中国古版年画珍本·北京卷》,武汉:湖北美术出版社,2015年,第83页)

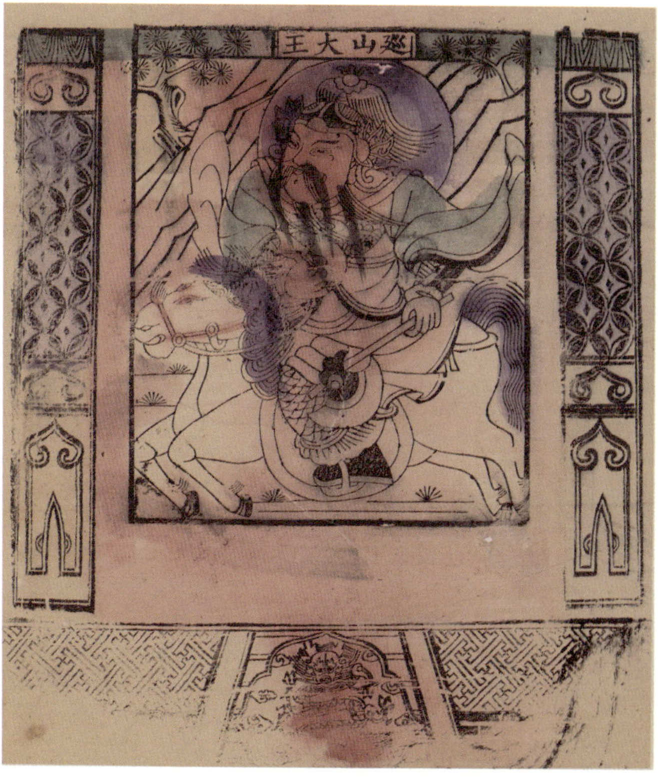
巡山大王

河北武强年画

九九消寒图,清代版,河北武强,版印笔绘,纵27.1厘米,横52.6厘米(参见王树村:《中国版画全集·民俗版画》,北京:紫禁城出版社,2001年,第222页)

九九消寒圖

大時人事日相催
冬至陽生春又回
刺繡五紋添弱線
吹葭六管動灰飛
岸容待臘將舒柳
山意衝寒欲放梅
雲物不殊鄉國異
教兒且覆掌中杯

一 二 三 四 五 六 七 八 九

老虎拉碾子不聽那一套

上黑是天陰
中黑天嚴冷
滿黑紛紛雪

下黑是天晴
中白暖氣生
左霧右生風

河南朱仙镇年画

恶虎村,清代版,河南朱仙镇,木版套印,纵24.3厘米,横28.4厘米(参见王树村:《中国年画百图》,北京:人民美术出版社,1988年,图17)

胡天刀
吳天琪
黃天覇 賀天保 天義

河南 施公案

三娘教子,清代,河南朱仙镇,木版套印,纵23厘米,横26.5厘米(参见王树村:《河南朱仙镇年画》,哈尔滨:黑龙江美术出版社,2001年,第111页)

天義德

陕西汉中年画

庞涓、孙膑，清代版，陕西汉中，木版套印，各纵44.8厘米，横24.3厘米（参见王树村：《中国民间年画史图录》，上册，上海：上海人民美术出版社，1991年，第140页）

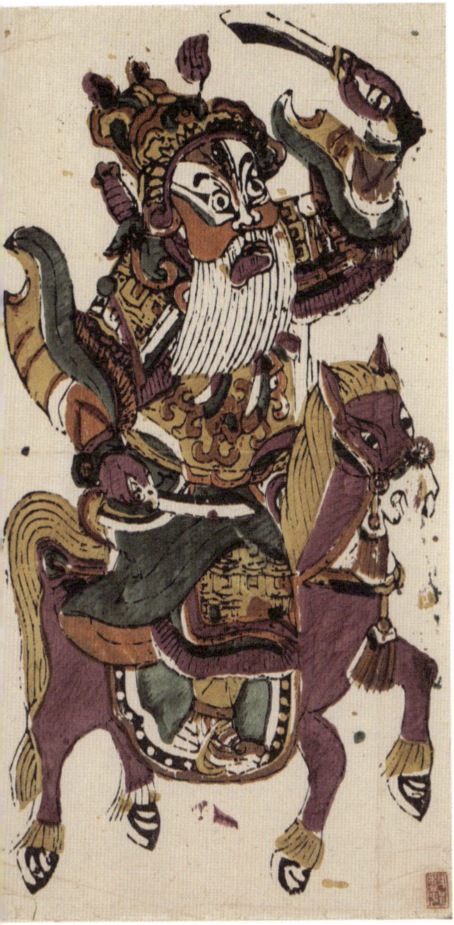

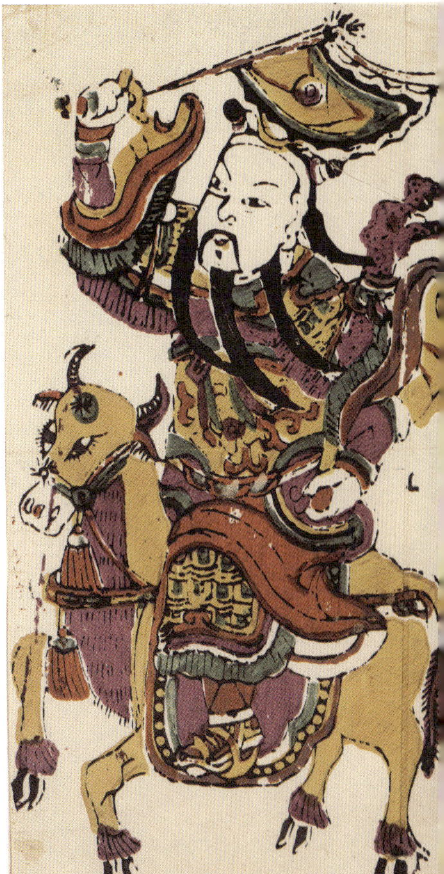

江苏桃花坞年画

孙悟空大闹天宫,清代版,江苏桃花坞,木版套印,纵 31.3 厘米,横 54.2 厘米[参见冯骥才:《中国木版年画集成·桃花坞卷》(下),北京:中华书局,2010年,第311页]

孙悟空大闹天宫

"孙悟空大闹天宫"局部

齊大聖

安徽临泉年画

宋江大破连环马,民国版,安徽临泉,木版套印,纵23.4厘米,横39.9厘米(参见姜彦文:《中国古版年画珍本·综合卷》,武汉:湖北美术出版社,2015年,第32页)

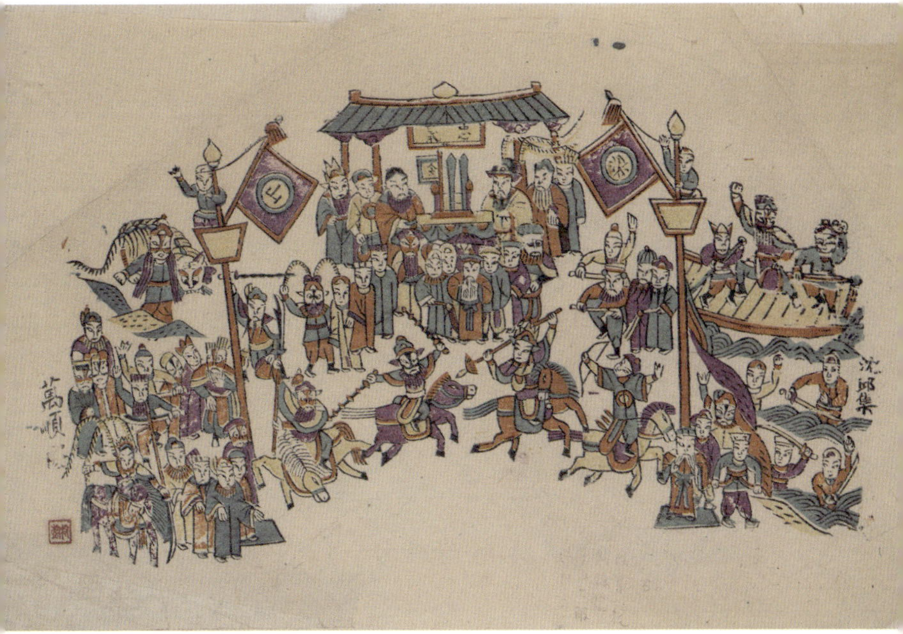

萬順
沈邱集

四川绵竹年画

和合二仙,清代版,四川绵竹,笔绘,纵98.8厘米,横52.4厘米

203

立锤门神，清代，四川绵竹，版印笔绘，各纵52厘米，横28厘米

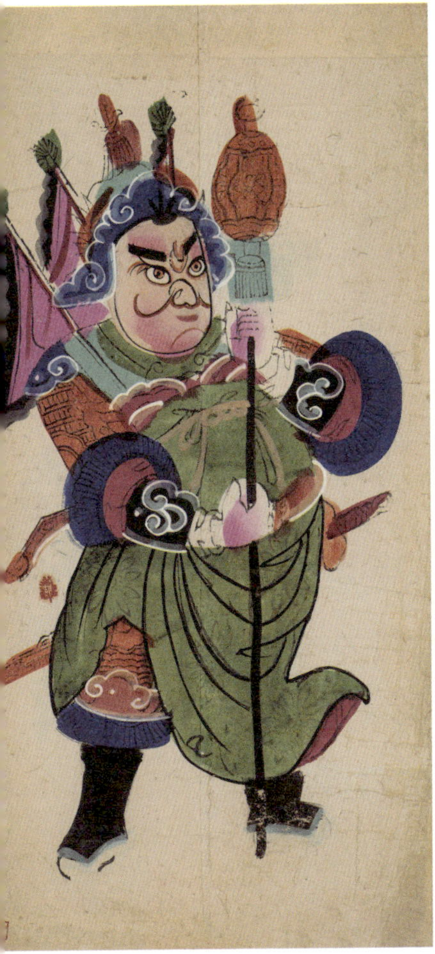
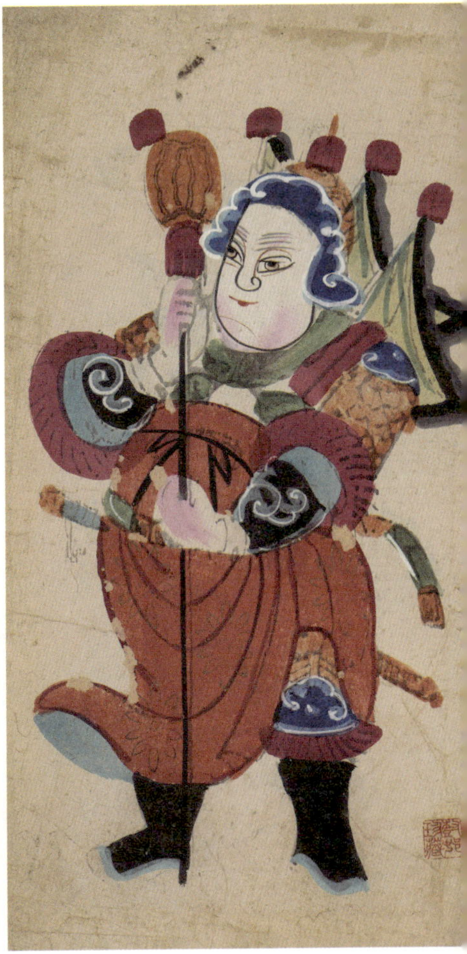

浙江余杭纸马

众神,清代,浙江余杭,版印笔绘,纵44厘米,横24厘米

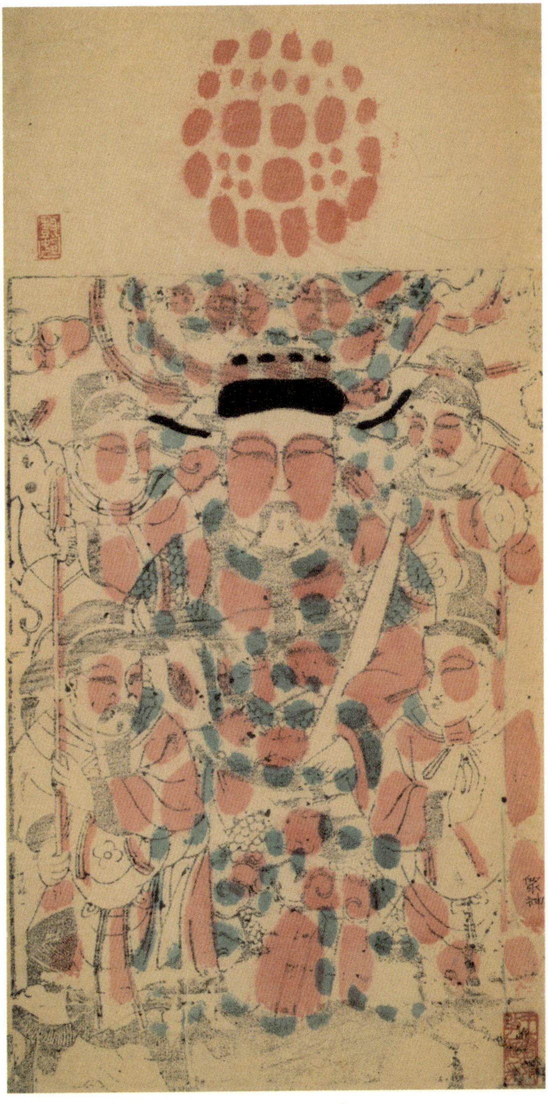

石刻线画

先师孔子行教像，清代，拓本，纵131厘米，横61厘米（参见王树村：《中国美术全集·绘画编19·石刻线画》，上海：上海人民美术出版社，1988年，第150页）

先師孔子行教像

德侔天地道冠古今
刪述六經垂憲萬世

唐吳道子筆

塑神秘谱

姜太公 杨四将军 张大王,清代,河北地区,
纸本墨笔,纵26.9厘米,横42.4厘米

姜太公　　　楊戩將軍　　　張大王

水陆画

三官天神,清代,笔绘,纵148.2厘米,横103.4厘米(参见王树村:《中国民间美术全集·绘画》,长春:吉林美术出版社,2002年,第187页)

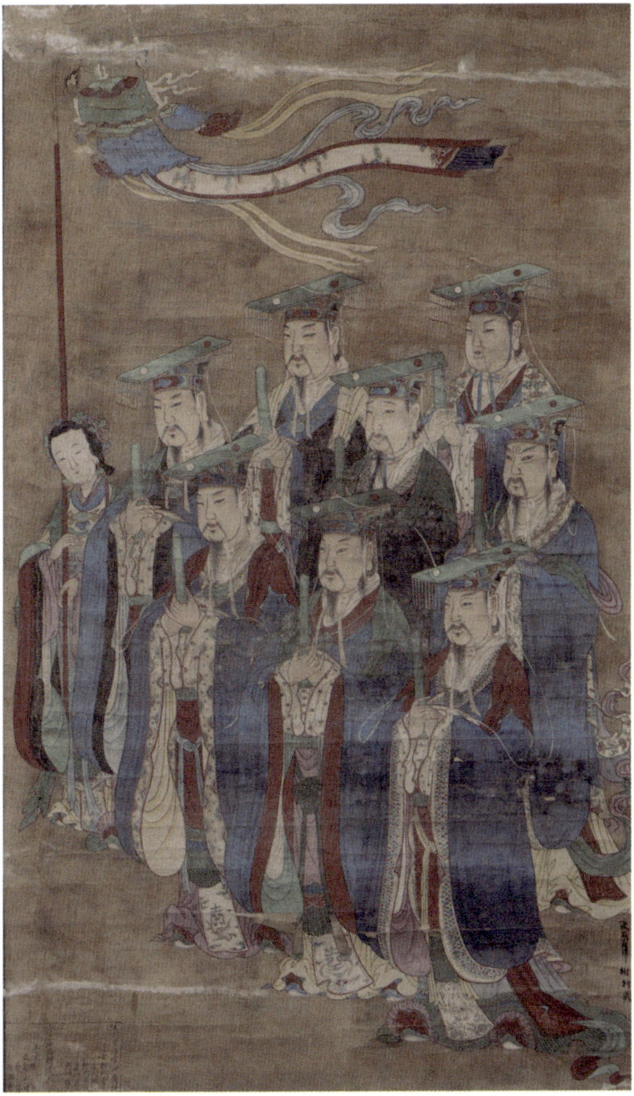

"三官天神"局部

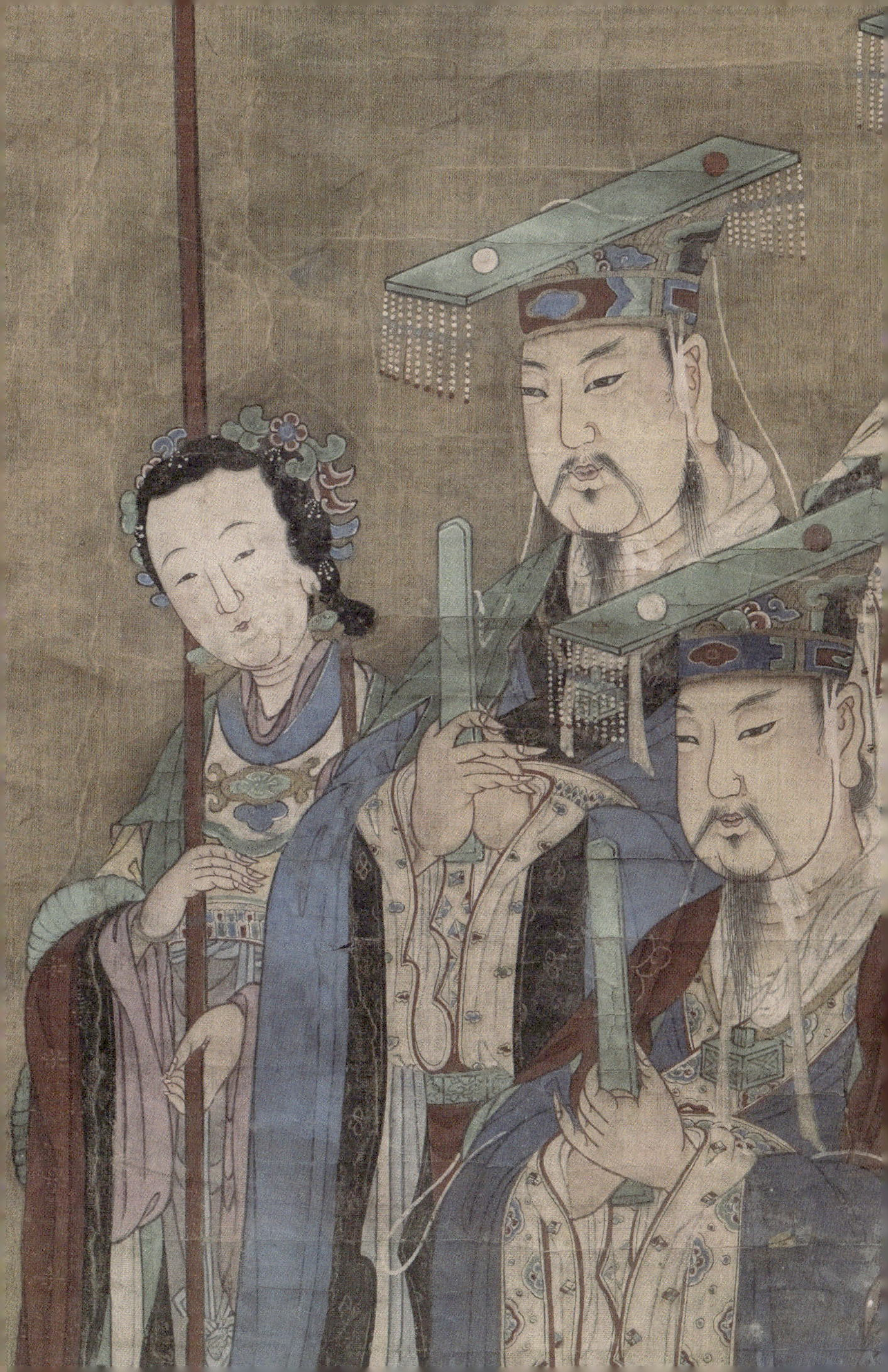

十方诸佛 十地菩萨众,清代,笔绘,纵190.4厘米,横97.3厘米(参见王树村:《中国民间美术全集·绘画》,长春:吉林美术出版社,2002年,第188页)

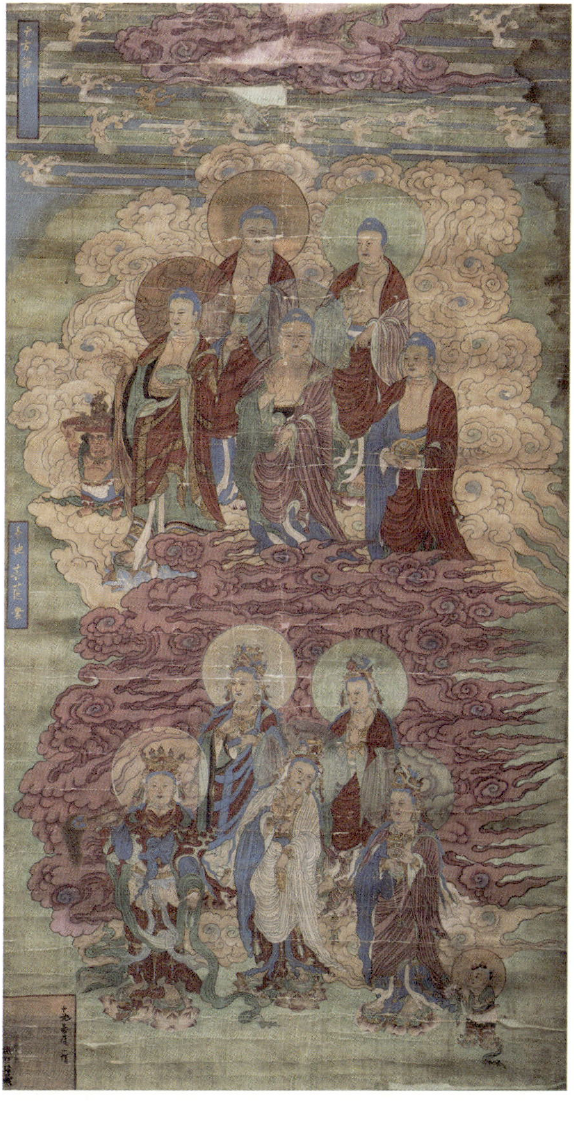

花笺

荷花,笺纸,作者:张大千,纵28.5厘米,横19.2厘米

甲戌十一月似之
大千居士爰

绣帐

川剧绣品,清代,四川,丝织,纵84.8厘米,横261.2厘米

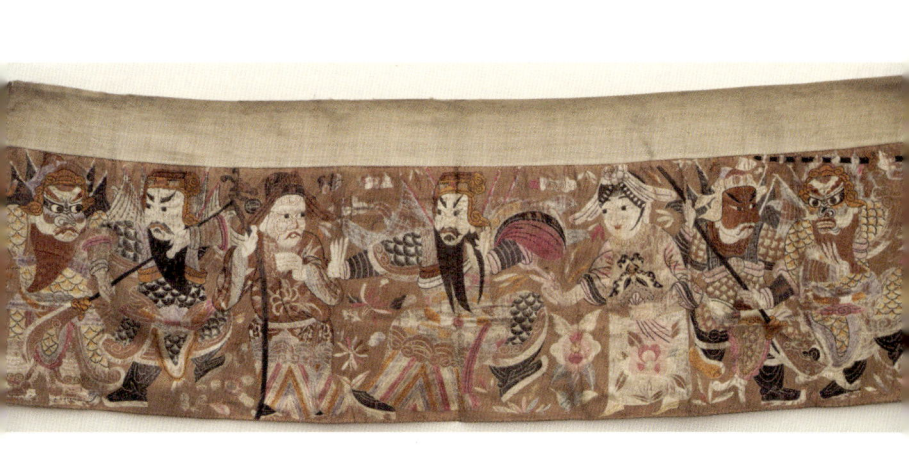

"川剧绣品"局部

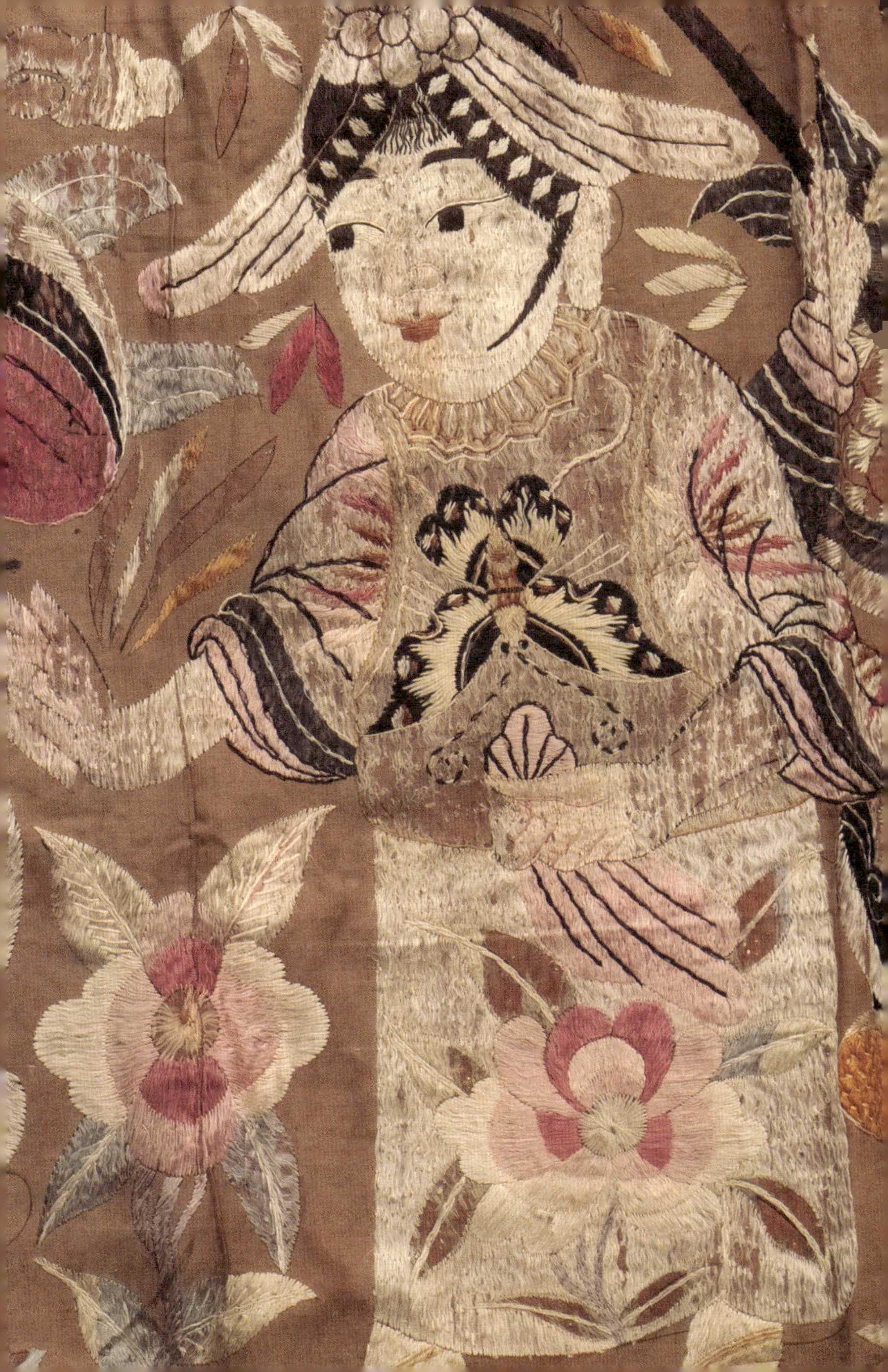

王树村著作目录

专著

20世纪50至70年代（4部）

南京太平天国纪念馆编：《太平天国板画》，南京：江苏人民出版社，1959年。

王树村编：《杨柳青年画资料集》，北京：人民美术出版社，1959年。

王树村选编，陶君起注解：《京剧版画》，北京：北京出版社，1959年。

王树村：《高桐轩》，上海：上海人民美术出版社，1963年。

  注：《太平天国板画》，书名即作"板"字，由王树村撰文、供图；1976年4月，中国台湾雄狮图书公司出版《杨柳青版画》，为《杨柳青年画资料集》翻版。《杨柳青年画资料集》是1949年以来中国第一部大型彩印年画集，书中刊载百余幅珍品年画均为个人藏品，荣获1960年莱比锡国际书展银质奖章。1976年6月，中国香港神州图书公司出版年画论文集《中国各地年画研究》，王树村为主要作者之一。1999年，黑龙江美术出版社再版《京剧版画》，书名改为《百出京剧画谱》。

20世纪80年代（10部）

王树村编：《杨柳青墨线年画》，北京：人民美术出版社，1980年。

王树村编著：《中国民间画诀》，上海：上海人民美术出版社，1982年。

王树村：《徐白斋》，上海：上海人民美术出版社，1982年。

王树村编：Ancient Chinese Woodblock New Year Prints（《中国古代木版年画选》英文版），北京：外文出版社，1985年。

王树村主编，叶又新副主编：《中国美术全集·绘画编21·民间年画》，北京：人民美术出版社，1985年。

王树村编：《民间艺人方炳南画稿》，成都：四川人民出版社，1985年。

段宝林、王树村、耿生廉、胡克等：《中国民间文艺学》，北京：文化艺术出版社，1987年。

王树村编著：《中国民间年画百图》，北京：人民美术出版社，1988年。

王树村主编，岳凤霞、龚继先副主编：《中国美术全集·绘画编19·石刻线画》，上海：上海人民美术出版社，1988年。

王树村：《中国民间年画》，杭州：浙江教育出版社，1989年。

注：《杨柳青墨线年画》以年代顺序编撰，选择自殷纣王到民国初年的历史题材年画，目的在于教育年轻人了解中国历史及朝代之兴废。《中国民间画诀》为我国第一部论述民间绘画理论的专著，欲纠正中国绘画史人物画诀贫乏，多文人画山水、竹梅等的偏差。《徐白斋》为过去不被重视的民间艺人著书立传，徐白斋是清代中叶纱灯画艺人，曾画《昆弋

杂剧》104幅。《中国美术全集·绘画编21·民间年画》集全国各地清代及以前的木版年画精品204幅，获得首届"中国优秀美术图书奖特别奖"及"中国艺术研究院研究特别奖"。《中国民间年画百图》获中国优秀美术图书奖铜奖。《中国美术全集·绘画编19·石刻线画》获中国优秀美术图书奖特别奖。2006年，人民美术出版社再版《中国美术全集·绘画编21·民间年画》《中国美术全集·绘画编19·石刻线画》，编号分别改为22、20。

20世纪90年代（20部）

王阑西主编,王树村副主编:《钟馗百图》,广州:岭南美术出版社,1990年。

王树村、李福清、刘玉山编选:《苏联藏中国民间年画珍品集》,北京:人民美术出版社,列宁格勒:阿芙乐尔出版社,1990年。

王树村:《戏出年画(上、下卷)》,台北:英文汉声出版股份有限公司,1990年。

王树村编:《中国民间年画史图录(上、下)》,上海:上海人民美术出版社,1991年。

王树村:《中国民间年画史论集》,天津:天津杨柳青画社,1991年。

王树村编著:《中国古代民俗版画》,北京:新世界出版社,1992年。

李志强、王树村主编,孙宝发副主编:《中国杨柳青木版年画集1》,天津:天津杨柳青画社,1992年。

王树村编著:《中国吉祥图集成》,石家庄:河北人民出版社,1992年。

王树村:《中国民间美术图说》,杭州:浙江文艺出版社,1992年。

王树村、立间详介编:《图说年画三国志》(日文,合著),东京:集英社,1994年。

王树村:《门与门神》,北京:学苑出版社,1994年。

王树村编著:《观音百图》,广州:岭南美术出版社,1995年。

王树村:《民间珍品图说红楼梦》,台北:东大图书公司,1996年。

王树村编著:《关公百图》,广州:岭南美术出版社,1996年。

王树村主编:《广东民间美术》:广州:岭南美术出版社,1996年。

王树村编:《中国民间年画》,济南:山东美术出版社,1997年。

王树村:《年画史》,上海:上海文艺出版社,1997年。

王树村编著:《中国民间四百宝相图说》,广州:岭南美术出版社,1997年。

王树村主编,林瑛珊副主编:《中国现代美术全集·年画(1、2)》,沈阳:辽宁美术出版社,1998年。

王树村:《花笺掇英(上、下卷)》,哈尔滨:黑龙江美术出版社,1999年。

注:《苏联藏中国民间年画珍品集》选列藏于苏联的中国年画,并首次将其介绍到中国,获"首届中国优秀美术图书奖金奖",另有俄文版本发行。《中国民间年画史图录(上、下)》所选资料大部分是编者走访全国所获,有大量的绝版珍品、粉本过样,精选八百幅,按编年、产地汇编为上下两卷。《中国古代民俗版画》首次将中国古代民俗生活中的版画艺术介绍给西方,分别有英文、法文、德文、中文共4个版本发行。《中国民间四百宝相图说》获"第十一届国家图书奖",包含《钟馗百图》《观音百图》《关公百图》《孔子百图》,前三册均曾单独出版,《孔子百图》(王树村编著)似未单独出版。2007年,北京大学出版社再版《戏出年画(上、下卷)》,2021年,广西师范大学出版社再版《戏出年画(上、下卷)》。

2000年至今（31部）

王树村、王海霞总撰稿：《世界艺术全鉴·民间诸艺经典》，北京：人民美术出版社，2000年。

王树村：《杨柳青年画·民俗生活卷（上、下）》，台北：英文汉声出版股份有限公司，2001年。

王树村编著：《河南朱仙镇年画》，哈尔滨：黑龙江美术出版社，2001年。

王树村：《华夏诸神——门与门神卷》，台北：云龙出版社，2002年。

王树村：《中国年画史》，北京：北京工艺美术出版社，2002年。

王树村主编：《中国民间美术全集·绘画卷》，长春：吉林美术出版社，2002年。

王树村编著：《中国民间画诀》（增订本），北京：北京工艺美术出版社，2003年。

王树村编著：《中国传统行业诸神》（中英对照），北京：外文出版社，2004年。

中国嘉德广州国际拍卖有限公司编著：《王树村藏中国精品年画》，广州：岭南美术出版社，2004年。

王树村：《中国民间美术史》，广州：岭南美术出版社，2004年。

王树村主编：《中国年画发展史》，天津：天津人民美术出版社，2005年。

王树村：《中国门神画》，天津：天津人民出版社，2005年。

王树村、王海霞：《人类口头与非物质遗产丛书·年画》，杭州：浙江人民出版社，2005年。

王树村编著：《中国店铺招幌》，北京：外文出版社，2005年。

王树村：《杨柳青青话年画》，台北：三民书局，2006年。

王树村：《钱慧安白描精品选》，天津：天津人民美术出版社，2006年。

王树村：《中国戏出年画》，北京：北京工艺美术出版社，2006年。

王树村：《图说〈三国演义〉：民间珍品遗产之一》，天津：百花文艺出版社，2007年。

王树村：《中国民间剪纸艺术史话》，天津：百花文艺出版社，2007年。

王树村：《迎春福祉》，北京：北京工艺美术出版社，2008年。

王树村：《塑神秘谱》，北京：北京工艺美术出版社，2008年。

王树村：《中国民间门神艺术史话》，天津：百花文艺出版社，2008年。

王树村：《艺林拓荒广记：王树村文集》（上、下册），天津：天津杨柳青画社，2008年。

王树村：《中国民间纸马艺术史话》，天津：百花文艺出版社，2008年。

王树村主编：《中国版画全集2·民俗版画》，北京：紫禁城出版社，2008年。

王树村：《中国民间工艺全集·民间纸马》，北京：中国轻工业出版社，2009年。

王树村、刘莹：《中国民俗文化丛书·中国门神画》，天津：天津人民出版社，2009年。

王树村：《上元灯画》，北京：北京工艺美术出版社，2010年。

王树村著，林小枫、刘莹整理：《抚今追昔：王树村旧迹遗痕注》，北京：中国轻工业出版社,2010年。

王树村、王海霞:《年画》,北京:文化艺术出版社,2012年。

王树村编著,姜彦文、方博、杨文整理:《中国肖像画史》,石家庄:河北美术出版社,2016年。

注:《中国民间美术史》,全书七十余万字,一千多幅珍贵图片,系统全面地对中国民间美术几个重要门类的产生渊源和历史发展、代表性人物及重要作品进行了深入阐述和研究,被称为"我国目前唯一的全面研究中国民间美术发展的权威专著,填补了中国美术史研究和学科建设的空白"。《中国店铺招幌》英文版于2006年出版。

据以上统计,王树村先生已出版专著计有65部,若加上再版、译本等,则达七十余部。

（天津王树村民间美术研究中心　整理）

期刊文章

《对北京工厂企业职工美术活动的意见》,《美术》,1954年第11期。

《年画故事四则》,《民间文学》,1956年。

《木版年画中的"三诀"》,《美术》,1956年第3期。

《关于门画、历画问题》,《美术》,1956年第12期。

《买不到,卖不掉》,《美术》,1957年第3期。

《明清之木版年画》,《版画》,1957年第3期。

《杨士惠老师傅谈象牙雕刻》,《美术》,1957年第6期。

《共产党给雕漆艺术带来了新生命》,《美术》,1957年第8期。

《普天同庆,情长谊深》,《美术》,1957年第11期。

《几位著名的民间工艺美术艺人介绍》,《美术》,1957年第12期。

《年画形式的海报》,《美术》,1958年第7期。

《杨柳青民间年画画诀琐记》,《美术研究》,1958年第4期。

《有关太平天国的年画故事》,《民间文学》,1959年第1期。

《从民间艺术谈到周口店群众美术作品展览会》,《美术》,1959年第2期。

《民间画师高桐轩和他的年画》,《文物》,1959年第2期。

《太平天国时期的民间年画》,《文物》,1959年第5期。

《十年来我国新年画的发展和成就》,《美术研究》,1959年第2期。[1]

《杨柳青民间年画画诀琐记》,《美术研究》,1959年第2期。

《记"沪景开彩图、中西月份牌"》,《美术研究》,1959年第2期。

《清代北京城百姓抢当铺版画》,《文物》,1959年第9期。

《从杨柳青木版年画谈到"瑞草园"》,《东风画刊》,1960年第1期。

《民间年画里的"胡笳十八拍"》,《文物》,1960年第2期。

《四梁八柱》,《美术》,1961年第3期。

《民间画诀选辑》,《美术》,1961年第4期。

《民间画诀选辑》,《美术》,1961年第6期。

《王诜》,《文物》,1961年第6期。

《民间年画的体裁》,《河北美术》,1961年第12期。

《新城民间玩具》,《河北美术》,1963年第1期。

《杨柳青年画老艺人张兴泽逝世》,《美术》,1963年第2期。

《民间画版散聚记》,《文物》,1963年第2期。

《关于白朗过秦川的一幅版画》,《文物》,1964年第10期。

《年画古今谈》,《新华月报》(文摘版),1979年第2期。

《年画连环画问题探讨:关于民间年画》,《美术研究》,1980年第2期。

《白俊英画扇面——杨柳青年画的故事》,《民间文学》,1980年第2期。

《福建传统年画调查记略》,《美术》,1980年第4期。

---

1 与薄松年合著。

《水浒人物"彩选格"》,《民间文学》,1980年第4期。

《浅谈陕西门神、年画、玩具故事三题》,《装饰》,1980年第4期。

《太平军〈北伐图〉》,《文物天地》,1981年第1期。

《画家钱慧安与民间年画》,《美术史论丛刊》,1981年总第1辑。

《民间画师方炳南》,《美术史论丛刊》,1981年总第1辑。

《不倒翁、小花囡》,《旅游》,1981年第1期。

《老鼠嫁女》,《民间文学》,1981年第3期。

《"岁朝吉庆图"及其他》,《红楼梦学刊》,1981年第3期。

《景颇族的奇异食俗》,《中国烹饪》,1981年第6期。

《白族民间木刻"甲马"研究》,《美术家》,1981年总第23期。

《漫话年画》,《文化与生活》,1982年第1辑。

《鲁迅与年画的收集和研究》,《美术研究》,1982年第1期。

《反帝的民间绘画》,《美术史论丛刊》,1982年总第2辑。

《鲁迅论"花纸"补注》,《美术史论丛刊》,1982年第1期(总第3辑)。

《美术史册中遗漏的图像——反映农民起义领袖的作品简记》,《美术史论丛刊》,1982年第2期(总第4辑)。

《闲话门神》,《美术史论丛刊》,1982年第2期(总第4辑)。

《云南白族绘画考察记》,《中国画研究》,1982年第2期。

《漫话曲艺画》,《戏剧艺术论丛》,1982年第3辑。

《北京的戏曲绘画与灯画》,《北京艺术》,1982年第7期。

《简说台湾木版年画》,《美术研究》,1983年第1期。

《中国的戏曲画》,《美术家》,1983年总第30期。

《界画》,《美术家》,1983年总第31期。

《简谈安徽的木版年画》,《民间美术》,1983年第2期。

《民间美术与民俗》,《江西工艺美术通讯》,1983年第2期。

《明清曲艺版画九图》,《美术家》,1983年总第32期。

《"年画之路"——杨柳青与新疆》,《新疆艺术》,1983年第3期。

《梅葛二圣之图像与故事》,《民间文学论坛》,1983年第4期。

《汉中门画》,《美术家》,1983年总第35期。

《门神今昔》,《年画艺术丛刊》,1984年总第1期。

《农民画的新收获——全国农民画展观后》,《群众文化》,1984年第1期。

《过年说〈红楼梦〉年画——兼及封面〈史太君两宴大观园〉》,《中国烹饪》,1984年第1期。

《"山味炖品店"杂感》,《中国烹饪》,1984年第3期。

《畲族始祖狗王图卷》,《美术研究》,1984年第2期。

《冷铨的工笔仕女画及其他》,《中国画》,1984年第2期。

《拾遗记(上)》,《美术家》,1984年总第37期。

《拾遗记(下)》,《美术家》,1984年总第38期。

《水陆画杂说》,《美术家》,1984年总第39期。

《民间美术今昔谈》,《美术》,1984年第9期。

《民初的时装妇女活动图》,《美术家》,1984年总第40期。

《明宫的"厨子"腰牌》,《中国烹饪》,1984年第12期。

《民间画样与画诀》,《民间工艺》,1984年创刊号。

《江泽砖刻艺术》,《美术家》,1984年总第41期。

《民间画师方炳南》,《龙门阵》,1984年第5辑。

《荷花与观音菩萨》,《花卉》,1985年第2期。

《李尧宝、王老赏刻纸艺术》,《美术家》,1985年总第42期。

《一组反映近代战争场面的木刻年画》,《文物天地》,1985年第2期。

《武昌起义及后的战争版画》,《美术家》,1985年总第43期。

《闲说海州摩崖画像石刻》,《新疆艺术》,1985年第3期。

《历代陶佛造像记(上)》,《美术家》,1985年总第44期。

《吉祥图案的发展及其他》,《美术研究》,1985年第4期。

《历代陶佛造像记(下)》,《美术家》,1985年总第45期。

《唐寅的诗文绘画及其影响》,《美术家》,1985年总第46期。

《瑞丽竹楼及寺庙建筑之一瞥》,《工艺美术》,1985年第4期。

《孝孙原谷的石棺线画》,《民俗研究》,1986年第1期。

《傣族饮食见闻》,《中国烹饪》,1986年第1期。

《看图识字(一)》,《漫画世界》,1986年第2期。

《看字识图(二)》,《漫画世界》,1986年第2期。

《中国早期戏曲版画》,《美术家》,1986年总第48期。

《民间年画六说》,《美术研究》,1986年第2期。

《汉画庖厨图说》,《中国烹饪》,1986年第4期。

《中国年画远征悉尼记》,《群众文化》,1986年第4期。

《文字与文字组画艺术》,《美术家》,1986年总第50期。

《重访保圣寺唐塑记》,《美术家》,1986年总第51期。

《澳洲之行》,《美术》,1986年第9期。

《澳洲悉尼饮膳琐记》,《中国烹饪》,1986年第11期。

《泥偶彩塑史述略》,《中国民间工艺》,1987年第3期。

《北朝时期的佛传故事石刻画》,《人民画报》,1987年第6期。

《民俗与民间工艺美术及其研究价值》,《中国工艺美术》,1987年第2期。

《"泥人张"史料》,《美术家》,1987年总第56期。

《剪纸艺术发展举要》,《美术研究》,1987年第4期。

《年画忆往》,《美术耕耘》,1988年第2期。

《民间年画浅说》,《中国民间工艺》,1988年第5期。

《说〈怡红院织衣〉》,《中国民间工艺》,1988年第6期。

《在苏联的饮膳举要》,《中国烹饪》,1988年第12期。

《月份牌年画史话》,《美术家》,1989年总第67期。

《版画家王树艺》,《美术家》,1989年总第68期。

《清代广东绘刻的版画》,《画廊》,1989年总第26期。

《闲说年画》,《年画艺术丛刊》,1989年总第7、8期。

《退思录》,《年画艺术丛刊》,1989年总第7、8期。

《流失国外的西夏文物一瞥》,《美术研究》,1989年第2期。

《也谈"门神"画》,《年画艺术丛刊》,1989年总第9期。

《台湾年画评奖》,《年画艺术丛刊》,1989年总第10期。

《所答非所问》,《年画艺术丛刊》,1989年总第11期。

《岩画研究》,《美术家》,1989年总第70期。

《我国最早的战事连环图画〈直奉战事记〉》,《美术耕耘》,1990年第1期。

《游苏所见中国民间艺术藏品》,《民间文学论坛》,1990年第1期。

《中国历代吉祥图案管窥》,《中国文化》,1990年第1期。

《纸马艺术的发展及其价值》,《美术研究》,1990年第2期。

《木版年画在台湾》,《年画艺术丛刊》,1990年总第10期。

《乾隆驾幸忠兴》,《年画艺术丛刊》,1990年总第10期。

《纸马艺术》,《年画艺术丛刊》,1990年总第11期。

《访隋代雕刻门神记》,《年画艺术丛刊》,1990年总第11期。

《〈钟馗百图〉编后的话》,《美术之友》,1991年第2期。

《禁书不禁画——清代年画发展的契机》,《年画艺术丛刊》,1991年总第6期。

《在广州品尝越南菜》,《中国烹饪》,1991年第11期。

《我与年画的半生缘》,《文史杂志》,1993年第1期。

《西藏密宗佛教与双身佛》,《汉声》,1993年第3期。

《藏汉民族的过年与年画》,《雪域文化》,1993年春季号。

《民间美术拓土开疆者——纪念张光宇先生》,《装饰》,1994年第3期。

《我与木刻年画的半生缘》,《收藏家》,1994年第6期。

《清代的戏出年画》,《寻根》,1995年第1期。

《全凭人力补天工——清绘本〈金瓶梅〉图册鉴赏与研究引言》,《装饰》,1995年第2期。

《北京旧时民间玩具调查》,《民俗》,1995年第3期。

《中国古代民间通俗读物插图》,《装饰》,1996年第6期。

《评正商喜》,《美术观察》,1997年第3期。

《清代的京戏画》,《艺术世界》,1997年第2期。

《漫谈〈中国民间四百宝相图说〉》,《美术之友》,1997年第2期。

《漫谈收集近代民间美术资料》,《美术观察》,1998年第2期。

《〈关帝财神〉一图及其他》,《历史文物》,1999年第5期。

《掩经千余年,曝经仅千日》,《历史文物》,1999年第12期。

《诗笺之发展及其它》,《美术研究》,2000年第2期。

《收藏新热点:年画》,《地理知识》,2000年第2期。

《六舟摹拓古今铭文记》,《历史文物》,2001年第4期。

《土埋的古画真迹》,《历史文物》,2002年第4期。

《回眸工商业及其图记》,《历史文物》,2002年第6期。

《民俗与民俗艺术》,《历史文物》,2003年第2期。

《掀起她的盖头来——冰岛艺术拾萃》,《苏州工艺美术职业技术学院学报》,2003年第3期。

《冰岛中国民间美术展览及其他》,《美术家通讯》,2003年第4、5期。

《王树村:一个人搞研究要有远见》,《美术观察》,2004年第1期。

《奥中民俗民间美术散记》,《装饰》,2004年第1期。

《南头城史话》,《旅游工艺》,2004年第1期。

《塑神秘谱》,《历史文物》,2004年第2期。

《广陵、金陵版画艺术之今昔》,《历史文物》,2004年第9期。

《明代木刻与元代石刻中的基督教画》,《装饰》,2005年第1期。

《木版年画民间瑰宝》,《中国收藏》,2005年01期。

《两千年的百姓乐趣——中国年画》,《中国书画》,2005年第2期。

《年画三辩》,《美术观察》,2005年第2期。

《杨柳青年画》,《中国美术馆》,2005年总第2期。

《店幌兴衰与历史文化》,《历史文物》,2005年第4期。

《吴友如、钱慧安与年画》,《苏州工艺美术职业技术学院学报》,2005年第3期。

《温故知新·以图为鉴——维系着民族存亡的民间年画》,《艺术》,2005年第12期。

《闲说民初时装百美图》,《装饰》,2006年第1期。

《叶浅予先生的遗文波折及其他》,《美术研究》,2006年第1期。

《老郎中义诊"申遗"》,《中国美术馆》,2006年第5期。

《胜朝邦彦画像》,《艺术》,2006年第9期。

《上海的"新美人"图》,《苏州工艺美术职业技术学院学报》,2007年第2期。

《石刻线画之发展及其研究价值》,《美术研究》,2007年第3期。

《火花抗战》,《中国收藏》,2008年第3期。

(天津王树村民间美术研究中心　整理)

报纸文章

《介绍杨柳青的新"吊钱儿"》,《北京新民报日刊》,1950年7月4日。

《窗花和花样子》,《天津日报》,1953年2月21日。

《北京举办职工业余美术展览会》,《人民日报》,1955年3月18日。

《关于澳门的版画和记载》,《北京日报》,1955年9月26日。

《漫谈民间年画》,《人民日报》,1957年1月1日。

《"津沽经商"图》,《天津日报》,1957年3月24日。

《天津机器局》,《天津日报》,1957年3月31日。

《天津车站》,《天津日报》,1957年12月18日。

《津门岁时二例》,《天津日报》,1958年2月17日。

《"大过新年"——一个杨柳青年画的故事》,《天津日报》,1958年2月19日。

《欢乐有余》,《天津日报》,1959年1月11日。

《关于"京剧版画"》,《文汇报》,1959年6月19日。

《京剧版画杂谈》,《天津日报》,1959年6月30日。

《北京的彩印花纸》,《北京日报》,1959年11月3日。

《王廷章巧手塑羊》,《天津日报》,1961年。

《潍县年画》,《人民日报》,1961年2月12日。

《剪纸艺术》,《人民日报》,1961年3月12日。

《扇画》,《人民日报》,1961年5月21日。

《从版刻中看八十年前上海景物》,《申新晚报》,1961年8月12日。

《名胜版画中的佳作》,《羊城晚报》,1961年8月16日。

《版画里的"儿戏"》,《新民晚报》,1961年8月26日。

《辛亥革命年画》,《新民晚报》,1961年10月7日。

《元人咏天津的诗》,《天津日报》,1961年10月29日。

《天津图小记》,《天津日报》,1961年12月3日。

《桐城派诗人咏天津的诗》,《天津日报》,1961年12月26日。

《苏州的戏出年画》,《天津日报》,1962年1月19日。

《天津的吊钱》,《天津日报》,1962年2月4日。

《天津最早的"新木刻"》,《天津日报》,1962年2月18日。

《苏州的走马灯》,《文汇报》,1962年2月28日。

《八角鼓和杂耍》,《天津日报》,1962年3月11日。

《关于〈火烧望海楼图〉及其他》,《天津日报》,1962年3月30日。

《火烧望海楼续志》,《天津日报》,1962年4月8日。

《从〈火烧望海楼图〉谈起》,《天津日报》,1962年4月27日。

《钟馗》,《天津日报》,1962年6月10日。

《杨柳青十景》,《天津日报》,1962年9月7日。

《一幅反帝的杨柳青年画》,《天津日报》,1963年1月20日。

《天津的剪纸》,《天津日报》,1963年2月3日。

《杨柳青年画老艺人张兴泽》,《天津日报》,1963年3月24日。

《绵竹年画见闻记》,《天津日报》,1963年4月16日。

《漫谈剪纸》,《解放军报》,1963年6月3日。

《绵竹年画见闻记》,《天津日报》,1963年4月16日。

《闲谈〈画扇面〉》,《天津日报》,1979年9月1日。

《天津"小马五"》,《天津日报》,1979年12月15日。

《泥人张与谭鑫培》,《天津日报》,1980年2月23日。

《从〈老鼠嫁女〉谈起》,《天津日报》,1980年3月8日。

《爱国艺人崔灵芝》,《天津日报》,1980年7月19日。

《闲话水西庄》,《天津日报》,1980年9月6日。

《女演员刘喜奎》,《天津日报》,1980年11月8日。

《刘赶三轶事》,《天津日报》,1981年2月18日。

《第一个为"年画"命名的人》,《天津日报》,1984年1月11日。

《描绘直奉战争的连环画》,《天津日报》,1984年9月9日。

《说〈水浒〉泥塑及配诗》,《天津日报》,1984年12月19日。

《新年福寿》,《天津日报》,1985年2月19日。

《杨柳青药王庙塑像》,《今晚报》,1985年5月10日。

《大战天津图》,《今晚报》,1985年8月8日。

《瑞丽风情》,《今晚报》,1985年9月14日。

《说茶经书有多少》,《今晚报》,1985年11月20日。

《闲话贺年片》,《今晚报》,1985年12月21日。

《〈白狼过秦川〉图》,《今晚报》,1985年12月29日。

《广东、福建的民间年画》,《华声报》,1986年2月4日。

《虎年谈虎》,《天津日报》,1986年2月9日。

《清代"黄鹤楼"的年画》,《长江日报》,1986年4月11日。

《云南南涧彝族纸马版画》,《中国美术报》,1986年第6期。

《悉尼行》,《今晚报》,1986年6月10日。

《民俗纵横谈》,《天津日报》,1986年6月15日。

《孙可望与"兴朝通宝"》,《今晚报》,1986年7月26日。

《商店酒楼的字画杂说》,《今晚报》,1986年8月9日。

《凭吊旅顺战场杂感》,《今晚报》,1986年9月13日。

《刘海戏金蟾与松花蛋》,《今晚报》,1987年1月28日。

《游苏漫记》,《今晚报》,1987年5月20日。

《白字与别字》,《今晚报》,1987年8月19日。

《游蓬莱阁小记》,《今晚报》,1987年9月9日。

《〈津门送别图〉诗》,《今晚报》,1987年12月5日。

《围炉闲说消寒图》,《今晚报》,1988年1月7日。

《明代的杂货和杂税》,《今晚报》,1988年1月30日。

《一本万利图》,《今晚报》,1988年3月5日。

《关于朱丹的追忆》,《今晚报》,1988年6月11日。

《恶月宜忌及其他》,《今晚报》,1988年7月12日。

《艾草与桃符》,《今晚报》,1988年7月23日。

《说三卫》,《今晚报》,1988年8月6日。

《宋元兰竹二画家》,《今晚报》,1988年8月25日。

《闲话天津民间美术》,《天津日报》,1988年12月30日。

《宫北画市与苏联藏杨柳青年画》,《天津日报》,1989年2月8日。

《粤海海市》,《天津日报》,1989年3月6日。

《艺术走向民间:从民间美术的特性谈起》,《广州日报》,1989年3月23日。

《端午节的美术活动》,《天津日报》,1989年6月4日。

《宋哲元印及边款》,《天津日报》,1989年6月7日。

《店幌和商标》,《今晚报》,1989年6月24日。

《黑城子,帝国主义文化窃贼的"鱼池"》,《今晚报》,1989年7月25日。

《听骆玉笙曲艺记》,《天津日报》,1989年12月18日。

《重返杨柳青》,《天津日报》,1990年3月12日。

《成都夜市》,《天津日报》,1990年11月12日。

《松潘采风》,《天津日报》,1991年1月7日。

《绵竹年画》,《人民日报》(海外版),1992年1月4日。

《南望伶仃洋》,《天津日报》,1992年2月10日。

《醉写番表》,《今晚报》,1992年6月22日。

《清官册》,《今晚报》,1992年6月29日。

《玉堂春》,《今晚报》,1992年7月4日。

《铁弓缘》,《今晚报》,1992年7月13日。

《盗仙草》,《今晚报》,1992年7月27日。

《六月祀灶》,《今晚报》,1992年7月30日。

《下河东》,《今晚报》,1992年8月5日。

《黄鹤楼》,《今晚报》,1992年8月20日。

《讨鱼税》,《今晚报》,1992年8月25日。

《拿金钱豹》,《今晚报》,1992年9月2日。

《秦琼卖马》,《今晚报》,1992年10月10日。

《朱痕记》,《今晚报》,1992年10月17日。

《沙陀国》,《今晚报》,1992年10月26日。

《除三害》,《今晚报》,1992年11月16日。

《失街亭》,《今晚报》,1992年11月26日。

《长坂坡》,《今晚报》,1992年11月30日。

《穆家寨》,《今晚报》,1992年12月15日。

《漫谈彩票史》,《今晚报》,1992年12月31日。

《山西晋南雁北木版年画》,《人民日报》(海外版),1993年1月2日。

《闲话聚宝盆》,《今晚报》,1993年1月19日。

《摇钱树》,《今晚报》,1993年1月23日。

《从早期火车站说起》,《今晚报》,1993年3月25日。

《银币和纪念币》，《今晚报》，1993年4月21日。

《乌鲁木齐的〈冤骨同归碑〉》，《今晚报》，1993年6月19日。

《蒲松龄的〈日用俗字〉》，《今晚报》，1993年8月19日。

《吐鲁番"麻扎"》，《广州日报》，1993年8月20日。

《明代〈好人歌〉》，《今晚报》，1993年9月11日。

《明代吕叔简〈宗约歌〉》，《今晚报》，1993年10月7日。

《一百年前北京的广东妇人图》，《广州日报》，1993年10月22日。

《汪沆与天津水西庄》，《今晚报》，1994年3月17日。

《三希堂与三惜堂》，《今晚报》，1994年5月12日。

《由〈年画·三国志〉说起》，《今晚报》，1994年11月12日。

《天水关》，《今晚报》，1995年11月16日。

《银空山》，《今晚报》，1995年11月17日。

《柳林池》，《今晚报》，1995年11月18日。

《杨排风》，《今晚报》，1995年11月19日。

《断桥》，《今晚报》，1995年11月20日。

《桑园寄子》，《今晚报》，1995年11月21日。

《胭脂虎》，《今晚报》，1995年11月22日。

《刺巴杰》，《今晚报》，1995年11月23日。

《临潼山》，《今晚报》，1995年11月24日。

《四杰村》，《今晚报》，1995年11月25日。

《贺后骂殿》,《今晚报》,1995年11月26日。

《说门》,《今晚报》,1996年1月2日。

《"老鼠娶亲"与"老鼠葬猫"》,《今晚报》,1996年2月20日。

《杨柳青年画在新加坡》,《今晚报》,1996年6月3日。

《一幅反抗英国侵占香港的版画》,《今晚报》,1996年8月6日。

《财神数量之演变》,《今晚报》,1997年2月8日。

《消寒图里的俏皮话》,《今晚报》,1998年12月21日。

《送生娘娘与拴娃娃》,《今晚报》,1999年2月3日。

《算命图》,《今晚报》,1999年5月19日。

《两个七月七》,《今晚报》,1999年9月9日。

《踩高跷》,《今晚报》,1999年10月14日。

《一心情愿》,《今晚报》,1999年12月8日。

《花笺掇英》,《文艺报》,2000年第9期。

《〈礼尚往来〉图文相映》,《今晚报》,2002年12月9日。

《〈女子求学〉白话文字》,《今晚报》,2002年12月10日。

《〈谎言无益〉翻绘伊索寓言》,《今晚报》,2002年12月11日。

《〈恩加乡里〉借用东汉故事》,《今晚报》,2002年12月12日。

《〈小儿怒〉口语浅显》,《今晚报》,2002年12月13日。

《腊月祭灶》,《今晚报》,2003年1月27日。

《财神与汽车交织的新画样》,《今晚报》,2003年1月28日。

《胜过聚宝盆的"聚财府"》,《今晚报》,2003年1月29日。

《除夕夜汽车送宝》,《今晚报》,2003年1月30日。

《爆竹生花过新年》,《今晚报》,2003年1月31日。

《新正初二》,《今晚报》,2003年2月1日

《正月十五》,《今晚报》,2003年2月2日。

《清末火车站》,《今晚报》,2003年6月30日。

《俺家住在杨柳青》,《今晚报》,2005年9月18日。

《杨柳青的花灯》,《今晚报》,2006年2月7日。

《大沽口炮台》,《今晚报》,2006年9月4日。

《中国木版年画发展亮点多多》,《中国特产报》,2006年10月31日。

《天津盐滩》,《今晚报》,2006年12月16日。

《传统年画的教育意义》,《天津日报》,2007年3月4日。

(天津王树村民间美术研究中心　整理)

整理后记

责编老师和我说,后记必须得交了。我当然知道,作为整理者,有责任和义务向读者交代一下书背后的故事。我只讲两件,关于两个老人。

迟迟未动笔,主要是因为总不愿意回到当时的情境中去。这本书是王树村先生在病床上完成的,是他在生命最后阶段所写的最后一本书,是他的绝笔之作。据先生的女儿林小枫女士回忆,当时先生刚刚与死神擦肩而过,身体已经极度衰弱,但对他而言,如果不工作的话,生命就没有延续的意义了。于是,家人便提议他写自传,但说好每天不能多写,不能超过两千字,而且如果身体不舒服就不能写。于是,他就每天写一点儿,直至逝世前三天,从未间断。从手稿字迹可以看出,多数的时候,他的手都是颤抖的。先生为这部自传起的名字是"我为何研究民间美术之始末",或许可以这样理解,这本书是他临终前拼尽全力想要和这个世界说的话。

先生去世后,他的老伴——林凌风女士,把其手稿的复印件交给我。转眼间，十几年过去了。前几天和她通话，她现在深圳。我告诉她，我们整理的先生的书终于要出版了，但我太慢了，拖了这么长时间。她说："不慢。你不知道，王树村有的书拖的时间更长，有的就拖没了，哈哈。你算是快的。"她总是那么乐观、开朗，对我和我的工作，永远是鼓励和支持。

我说："您一定注意身体，好好保重，我们还有好多事儿没做呢。"

她回答我："你知道吗，我都95岁了。你也要注意身体啊，有时间来深圳找我。"

我说："好，我争取一定去。"

她说："好的，那我们深圳见！"

几年了，每次说去，都未能成行。但这一次，我决定寒假去趟深圳，把这本书带给她。立此为证。

2023年12月10日